entrance

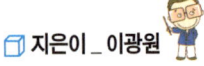

지은이 _ 이광원

예비 영어 선생님 이광원, 평소 중학생들이 어떻게 하면 쉽고 재미있게 영단어 공부를 할 수 있을까 하는 고민 끝에 **워드 파티**를 세상에 내놓았습니다. **워드 파티**를 통해 이젠 중학생들이 즐겁게 단어 공부를 할 수 있으면 하는 바람이지요. 현재 서울대학교 영어교육과 4학년 휴학중이며, 벤처기업에서 학습 컨텐츠를 개발하고 있습니다.

감 수_Karen J. Smith

Karen J. Smith 선생님은 인디애나 대학교에서 교육학을 전공하셨습니다. 한국에서는 많은 회사와 영어 학원에서 영어를 가르치시고, 온라인 사이트에서 칼럼을 연재하셨습니다. 최근 《Top Ten English Expressions》와 《Tomato EnglishCare Series》를 집필하셨고, 현재는 토익과 토플 그리고 동화책 교재를 쓰고 계십니다.

⚬205 FRIENDS⚬
워드 파티 중2 영단어

초판 1쇄 찍은날 | 2004년 01월 12일
초판 1쇄 펴낸날 | 2004년 01월 19일

지은이 | 이광원　　　그린이 | 위즈 엔터테인먼트
펴낸이 | 이태권　　　펴낸곳 | 소담출판사

주　　소 | 서울시 성북구 성북동 178-2번지 (우)136-020
전　　화 | 745-8566~7　　팩　스 | 747-3238
홈페이지 | www.dreamsodam.co.kr
e-mail | sodamQ@dreamsodam.co.kr
등록번호 | 제2-42호

ISBN 89-7381-536-9　53740

이제 단어 공부가 행복해진다!

어휘(vocabulary)가 얼마나 중요한지는 영어 공부를 한번쯤 해본 친구라면 아마 다 아실 거예요. 빠르게 많은 양을 읽고 이해해야 하는 독해력 테스트나 외국인과의 대화가 가능한지를 가늠하는 말하기, 듣기 테스트……. 어느 부분에서도 어휘력은 영어 실력을 좌우하는 중요한 역할을 한답니다. 중학생 여러분, 단어 공부 정말 많이 해야겠죠? ^^

그렇다고 무턱대고 사전을 들고 다니며 외우라는 말은 아니에요. 자기만의 좋은 방법을 찾아야죠.

옛날에 영어 공부를 하던 우리 선배들은 단어 공부를 어떻게 했을까요?

무거운 사전 한 권을 들고 다니면서 처음 'a'로 시작하는 단어부터 한 장씩 외우고, 그 외운 페이지를 찢어 먹어야 머리 속으로 그 단어가 들어간다고 믿었던 학생들도 있었답니다. 또 같은 단어를 수십 번씩 연습장에 쓰고 입으로 되뇌며 무슨 주문을 외듯 중얼거리던 학생들도 있었고요.

하지만 지금 여러분이 살고 있는 세상은 더 많은 것을 요구하며, 더 다양한 지식을 요구합니다. 어휘력 또한 단순히 암기만 해서는 아무런 소용이 없죠.

이제는 생활 속의 이야기에서, 대화 속에서 어휘력을 기르고, 단순 암기보다는 이해와 응용으로 어휘를 공부해야 한답니다.

이 책에는 중학생 여러분들의 재미있는 이야기와 생활이 테마별로 담겨 있습니다. 그리고 여러분을 쏙 빼닮은 친구들도 나오지요. 그 친구들과 재미있게 공부하면서 어휘력의 기본을 다지고, 자기만의 공부 방법도 찾으시길 바랍니다.

타고난 사람은 노력하는 사람을 이길 수 없고, 노력하는 사람은 즐기는 사람을 이길 수 없다고 하지요. **찡그리고 스트레스 받으며, 연습장 빼곡이 단어를 적으면서 공부하는 것보다는 웃으면서, 즐기면서 파티를 하듯 공부하세요.** 《워드 파티》가 도움이 될 것입니다.

마지막으로 《워드 파티》가 나오기까지 도움을 주신 모든 분들께 진심으로 감사 드립니다.

이광원

차례

Character 01

길웅

보면 볼수록 개천의 용을 생각나게 하는 숙명적 범생이.
걸어다니는 사전이라는 말을 들을 때 삶의 보람을 느끼는
친구. 전반적으로 꺼벙하다.

WORD PARTY_
Character 01

위인들의 삶

주인공 : 길용이

어려움을 이겨내는
삶을 살아야 해······.

장애를 이겨내고 세상을 아름답게 한 사람

헬렌 켈러를 아시나요? 지금부터 그녀의 일생을 들려 드리죠.

헬렌은 태어난 지 19개월 만에 **열병**으로 **눈이 멀고** 귀가 들리지 않게 되었습니다. 너무나도 **끔찍한** 일로 인해 삶에
fever / blind / awful

커다란 **짐**이 되는 일이 **일어난** 것입니다. **심각한** 병으로 인한 장애는
burden / occur / serious

헬렌의 삶을 송두리째 **파괴하기에** 충분했습니다.
destroy

7세가 되던 어느 날, 헬렌은 설리반이라는 **가정 교사**를 만났습니다. 설리반 선생님은 심한 장애로 **고통받아** 사람들에게 **적대적**
tutor / suffer / hostile

인 행동을 하는 헬렌이 너무 **불쌍했습니다**. 설리반 선생님은 헬렌이 세상과 **소통할** 수 있다는 **자신감**과 **신념**으로 특별한 **방**
behave / poor / communicate / confidence / faith

법을 **시도했답니다**. 그녀는 많은 고통과 **어려움**을 이겨내면서 헬렌의 **능력**을 키워 주었답니다. 때론 헬렌이 **거칠게 받아들이**
method / attempt / difficulty / ability / roughly / accept

지 않을 때도 있었지만 헬렌과 자신을 **꾸짖으면서** 뼈를 깎는 노력으로 헬렌이 세상으로 나오는 것을 **가능하게 했답니다**. 힘든
scold / bone / enable

과정에 **실망하고** 아파하는 헬렌을 **다독거리고 설득하여**, 장애를 이기도록 도왔던 것이죠.
disappointed / encourage / persuade

유능한 설리반 선생님의 **적절한 도움**으로, 헬렌은 **빠르게** 성장했답니다.
capable   appropriate help   rapidly

그리고 설리반 선생님의 **섬세하고** 정성이 깃든 교육과 헬렌의 명석함, 노력이 합쳐져 맹농아로서는 처음으로 **대학생**이 되었
delicate   college

죠. 설리반 선생님이 **아니었다면** 결코 이룰 수 없었던 일이었습니다. 서로간의 **믿음**과 **꾸준한** 노력이 이룬 기적 쾌거였답니다.
unless   trust   steady

헬렌은 **점점** 세상에서 자신이 할 수 있는 일을 알아가답니다.
gradually

이제 헬렌은 자신의 장애**를 넘어** 다른 장애인들에게 좋은 **영향을 주고** 싶었습니다.
beyond   influence

영화에 출연하고 책도 썼으며, **강의**도 했습니다. 그렇게 **번** 돈으로 다시 장애인을
movie   lecture   earn

도왔습니다. 다른 사람에게 **의지하지** 않고 스스로 살아갈 수 있다는 **귀중한**
depend   precious

교훈을 사람들에게 주면서 말이죠. 그렇게 헬렌은 **전** 삶을 장애인을
lesson   whole

돕는 데 **바쳤답니다.** 설리반 선생님의 노력으로, 보지도 듣지도 못했지만
devote

아름다운 삶을 산 **천사**가 탄생했던 것입니다.
angel

□ **fever**
[fíːvər]

명 열병, 열

He had a headache and a mild *fever*.
그는 두통과 함께 미열이 있었다.

□ **blind**
[blaind]

형 눈 먼

This dog leads *blind* people.
이 개는 시각 장애인들을 안내한다.

□ **awful**
[ɔ́ːfəl]

형 끔찍한, 두려운

Isn't all this wind and rain *awful*?
이 비바람 끔찍하지 않니?

□ **burden**
[bə́ːrdn]

명 짐, 부담

I don't want to be a *burden* to you.
나는 너에게 짐이 되고 싶지 않다.

□ **occur**
[əkə́ːr]

동 일어나다, 생기다

She described the accident as it *occurred*.
그녀는 그 사고를 있는 그대로 묘사했다.

□ **serious**
[síəriəs]

형 심각한, 진지한

부 seriously 심각하게
This problem isn't that *serious*.
이 문제는 그렇게 심각하지는 않다.

□ **destroy**
[distrɔ́i]

통 파괴하다, 무너뜨리다

반 construct 세우다
The earthquake *destroyed* one third of the city.
지진은 그 도시의 3분의 1을 파괴했다.

□ **tutor**
[tjúːtər]

명 가정 교사, 개인 지도 교사

He is my piano *tutor*.
그는 내 피아노 개인 지도 선생님이다.

□ **suffer**
[sʌ́fər]

통 고통받다 명 고통

I'm *suffering* from a lack of sleep.
난 잠이 부족해서 괴롭다.

□ **hostile**
[hástil]

형 적의를 가진, 반대의

명 hostility 적개심
Don't give me such a *hostile* look.
나를 그렇게 무섭게 쳐다보지 마.

□ **behave**
[bihéiv]

통 행동하다

명 behavior 행동
She *behaved* with great dignity.
그녀는 대단히 위엄 있게 행동했다.

□ **poor**
[púər]

형 불쌍한, 가난한

The *poor* boy didn't have anything to eat.
그 불쌍한 소년은 먹을 것이 아무것도 없었다.

☐ **communicate**
[kəmjúːnəkèit]

图 의사 소통하다, 전달하다

명 communication 의사 소통, 전달

We *communicated* with each other by gestures.
우리는 몸짓으로 의사 소통했다.

☐ **confidence**
[kánfədəns]

명 자신감, 신용

형 confident 자신감 넘치는

Confidence is so important to improve your English.
영어 실력을 향상시키려면 자신감이 아주 중요하다.

☐ **faith**
[feiθ]

명 신념, 믿음

I have great *faith* in you.
난 널 아주 신뢰하고 있어.

☐ **method**
[méθəd]

명 방법

Which *method* is better for you?
어떤 방법이 너에게 더 낫니?

☐ **attempt**
[ətémpt]

图 시도하다

You need to *attempt* to do it.
너는 시도를 해야 한다.

☐ **difficulty**
[dífikʌ̀lti]

명 곤란, 어려움

형 difficult 어려운

We found this house without *difficulty*.
우리는 어렵지 않게 이 집을 찾았다.

□ **ability**
[əbíləti]

뗑 능력

She has the *ability* to organize well.
그녀는 조정을 잘하는 능력이 있다.

□ **roughly**
[rʌ́fli]

뎸 거칠게, 난폭하게

뗺 **rough** 거친, 난폭한
He pushed me *roughly*.
그는 나를 거칠게 밀었다.

□ **accept**
[æksépt]

뚱 받아들이다, 수용하다

I can't *accept* your offer.
나는 너의 제안을 받아들일 수 없어.

□ **scold**
[skould]

뚱 꾸짖다, 잔소리하다

His mother *scolded* him for breaking her favorite vase.
그의 어머니는 아끼는 도자기를 깼다고 그를 야단쳤다.

□ **bone**
[boun]

뗑 뼈

My dog really likes to play with this *bone*.
우리집 개는 이 뼈를 가지고 노는 걸 정말 좋아한다.

□ **enable**
[inéibəl]

뚱 ~할 수 있게 하다, ~를 가능하게 하다

cf. **be able to** ~할 수 있다
A computer *enables* us to do our homework quickly.
컴퓨터는 우리가 숙제를 빨리 할 수 있게 해준다.

disappointed
[dìsəpɔ́intid]

형 실망한

형 disappointing 실망시키는

I was very *disappointed* with myself.
나는 나 자신에게 아주 실망했다.

encourage
[inkə́:ridʒ]

동 용기를 북돋우다, 격려하다

My mom *encouraged* me to study harder.
우리 엄마는 공부를 더 열심히 하라고 나를 격려해 주셨다.

persuade
[pə:rswéid]

동 설득하다

He *persuaded* me to forgive her.
그는 그녀를 용서하라고 나를 설득했다.

capable
[kéipəbəl]

형 유능한, 역량 있는

She's a very *capable* woman.
그녀는 매우 유능하다.

appropriate
[əpróuprièit]

형 적당한, 알맞은

Jeans are not *appropriate* for a formal party.
청바지는 격식을 갖춘 파티에 적당하지 않다.

help
[help]

명 도움, 구조 동 돕다, 거들다, 피하다

cannot help ~ing ~하는 것을 피할 수 없다
Thank you for your *help*.
도와주서서 감사합니다.
It was awful, but I *couldn't help laughing*.
그것은 무시무시했지만, 나는 웃음을 참을 수 없었다.

□ **rapidly**
[rǽpidli]

▌ 甼 빠르게, 신속하게

형 rapid 빠른, 신속한
The virus is spreading *rapidly*.
그 바이러스는 빠르게 퍼지고 있다.

□ **delicate**
[délikət]

▌ 형 섬세한, 우아한

Japanese food is said to be *delicate*.
일본 음식은 섬세하다고들 한다.

□ **college**
[kálidʒ]

▌ 명 대학, 단과 대학

Are you going to enter *college*?
넌 대학에 갈 거니?

□ **unless**
[ənlés]

▌ 접 ~하지 않는다면

I will be there *unless* it rains.
비가 안 오면 갈게.

□ **trust**
[trʌst]

▌ 명 믿음, 신뢰 동 믿다

There should be *trust* and care in love.
사랑에는 믿음과 배려가 있어야 한다.

□ **steady**
[stédi]

▌ 형 꾸준한, 확고한

甼 steadily 꾸준히
You should study anything in a *steady* and slow way.
어떤 것이든지 꾸준히 그리고 천천히 공부해야 한다.

☐ **gradually**
[grǽdʒuəlì]

뿐 점차적으로, 조금씩

형 gradual 점차적인, 조금씩의
The snake moved *gradually* away from me.
그 뱀은 조금씩 움직여 나에게서 멀어져 갔다.

☐ **beyond**
[bijánd]

전 ~를 넘어서, ~을 지나서

It's *beyond* me.
나로서는 알 수 없지.

☐ **influence**
[ínfluəns]

동 영향을 끼치다 명 영향력

His philosophy *influenced* my future.
그의 철학이 나의 미래에 영향을 끼쳤다.

☐ **movie**
[múːvi]

명 영화

She is a *movie* star.
그녀는 영화 배우다.

☐ **lecture**
[léktʃər]

명 강의

His *lectures* are like sleeping pills.
그의 강의는 수면제 같다.

☐ **earn**
[əːrn]

동 얻다, (돈을) 벌다

I *earned* enough money from a part-time job to buy
the car. 나는 아르바이트를 해서 그 차를 살 충분한 돈을 벌었다.

☐ **depend**
[dipénd]

동 ~에 의존하다, ~에 달려 있다

Children *depend* on their parents.
아이들은 부모에게 의존한다.

☐ **precious**
[préʃəs]

형 귀중한

My teacher always says time is *precious*.
우리 선생님은 항상 시간은 귀중하다고 말씀하신다.

☐ **lesson**
[lésn]

형 교훈, 수업

He learned a *lesson*.
그는 교훈을 얻었다.

☐ **whole**
[houl]

형 전체의, 모든

The *whole* class went on a picnic.
반 아이들 모두 소풍을 갔다.

☐ **devote**
[divóut]

동 헌신하다, 바치다

I need to *devote* more time to the work.
난 그 일에 좀더 많은 시간을 투자해야 한다.

☐ **angel**
[éindʒəl]

명 천사

He insists that she is a true *angel*.
그는 그녀가 진짜 천사라고 주장한다.

의술로 세상을 구하다

자, 이제는 우리 나라로 눈을 돌려 훌륭한 분을 **소개할게요**. **주인공**은 바로 허준입니다.
introduce hero
그는 처음에는 **약초**를 캐고 의원에서 **심부름**을 하던 사람이었죠. 하지만 허준은 의술에 대한 **야망과**
herb errand ambition
꿈이 아주 컸답니다. 또 그는 매우 **정직하고 성실해서** 아무나 제자로 **허락하지** 않았던
dream honest diligent admit
완고한 유의태 선생님의 마음을 움직였습니다.

그러던 어느 날, **믿을 수 없는** 일이 허준에게 일어났습니다. 평소 병을 숨겨오던 유의태 선생님이 자신의 몸을 해부하여 의술
incredible
발전을 도모하려는 **유서**를 남기고 돌아가신 것이었습니다. 그 당시 죽은 자의 몸을 해부하는 것은 **범죄**였고, 또 어찌 **감히** 스승
will crime dare
의 몸에 칼을 대겠습니까? 하지만 허준은 속고 끝에 스승의 뜻을 **따르기로 결심했습니다!**
follow decide
스승의 찢겨진 **살**과 **피**를 보며, 허준은 최고의 명의가 되겠다고 **맹세했습니다**. 스승의 죽음은 **슬픈** 일이었지만, 스승의 몸을
flesh blood swear sad
해부하는 것은 곧 의술에 대한 스승의 **불꽃** 같은 열정과 희생을 헛되지 않게 하는 것이었죠.
flame

마침내 허준은 나라의 **의원**이 되었습니다. 왕실에 대한 진료가 **주된** 임무였지만
doctor   primary
그는 항상 **백성**들의 **건강**을 생각했습니다. 한번은 역병의 **재앙**이 나라를 **위기**에
people health   disaster   crisis
빠뜨린 적이 있었습니다. 그때 허준은 다른 **동료** 의원들보다 먼저 발벗고 나서서 온갖 **위험**을 무릅쓰고
peer   risk
백성들을 **치료했습니다**. 그는 백성들을 위해 **약**을 만들고 치료를 하는 것은 당연한 **의무**라고 생각했습니다.
treat   medicine   duty
그들을 위한 일에는 **거의** 빠지지 않았습니다. 또한 그는 성품도 **관대**했습니다.
hardly   generous

그는 나이가 들어도 편안하고 **쉬운** 삶을 구하지 않고 계속해서 의술에 정진했습니다.
easy
새로운 의술을 연구하고, **여러 가지** 의학 지식을 **분류하여** 마침내 그는
study   several   classify
《동의보감》이라는 불후의 책을 썼습니다. 이 책은 일본과 중국에서도 **유명한 자랑스러운** 우리의 **보물**이지요.
famous   proud   treasure
나 길용이는 백성과 나라를 사랑하는 **원칙**을 지킨 허준을 **존경합니다**.
principle   admire

introduce
[intrədʒúːs]

통 소개하다, 받아들이다

명 introduction 소개
Jane *introduced* him to her parents.
제인은 부모님에게 그를 소개했다.

hero
[híːrou]

명 영웅, (남자) 주인공

He was a *hero* of that film.
그는 그 영화 속의 주인공이었다.

herb
[həːrb]

명 허브, 약초

I don't like the smell of an *herb* used in Chinese medicine. 나는 한약에 쓰이는 약초 냄새를 싫어한다.

errand
[érənd]

명 심부름

I did *rock scissors paper* with my sister before going on *errands*.
나는 심부름 가기 전에 언니와 가위바위보를 했다.

ambition
[æmbíʃən]

명 야심, 야망

형 ambitious 야망 있는
He had a strong *ambition* to be president.
그는 대통령이 되겠다는 강한 야심이 있었다.

dream
[driːm]

명 꿈, 희망 통 꿈을 꾸다

I had a strange *dream* last night.
난 지난밤에 이상한 꿈을 꿨다.

honest
[ánist]

형 정직한, 성실한

명 honesty 정직

He is an *honest* man.
그는 정직한 사람이다.

diligent
[dílədʒənt]

형 근면한, 부지런한

She wants a *diligent* person.
그녀는 근면한 사람을 원한다.

admit
[ædmít]

동 허락하다, 인정하다, 시인하다

Each ticket *admits* one member and one guest.
각 티켓으로 회원 한 명과 동반인 한 명이 들어가실 수 있습니다.

incredible
[inkrédəbl]

형 믿을 수 없는

It was *incredible* that the winner was only 12 years old.
그 승자가 단지 12살이라니 믿을 수가 없었다.

will
[wil]

명 유서, 의지 조 ~할 것이다

He left her something in his *will*.
그는 유서에 그녀에게 뭔가를 남겼다.
I *will* go shopping later.
나는 나중에 쇼핑하러 갈 거야.

crime
[kraim]

명 범죄, 죄

The pattern of *crime* is getting more cruel.
범죄의 유형이 점점 더 흉악해지고 있다.

☐ **dare**
[dɛər]

┃ 통 감히 ~하다, 대담하게 ~하다

How *dare* you speak like that?
어떻게 그런 말을 할 수 있니?

☐ **follow**
[fálou]

┃ 통 뒤쫓다, 뒤따르다

He didn't *follow* his father's advice.
그는 아버지의 충고를 따르지 않았다.

☐ **decide**
[disáid]

┃ 통 결심하다, 결정하다

He *decided* to buy the house.
그는 그 집을 사기로 결정했다.

☐ **flesh**
[fleʃ]

┃ 명 살, 육체

The trap had cut deeply into the rabbit's *flesh*.
올가미는 토끼의 살에 깊숙히 파고 들었다.

☐ **blood**
[blʌd]

┃ 명 피

Blood is pumped around the body by the heart.
피는 심장의 펌프질을 통해 몸을 순환한다.

☐ **swear**
[swɛər]

┃ 통 맹세하다

swear-swore-sworn
In some countries, witnesses in court have to *swear*
on the Bible.
어떤 나라에서는 법정에서 증인이 성경에 대고 맹세를 해야 한다.

□ **sad**
[sæd]

혱 슬픈, 비통한

She was very *sad* when her cat died.
그녀는 자신의 고양이가 죽었을 때 매우 슬퍼했다.

□ **flame**
[fleim]

몡 불꽃, 불길

The house was in *flames*.
그 집은 화염(불꽃)에 휩싸여 있었다.

□ **doctor**
[dάktər]

몡 의사, 박사

You'd better see a *doctor*.
의사에게 진찰을 받는 게 낫겠다.

□ **primary**
[prάiměri]

혱 주요한, 첫째의

One of my *primary* goals is to diet.
나의 주된 목표 중 하나는 다이어트야.

□ **people**
[pí:pl]

몡 백성, 사람들, 국민

We are one *people*.
우리는 단일 민족이다.

□ **health**
[helθ]

몡 건강

혱 **healthful** 건강한
We should maintain our *health* at all times.
우리는 항상 건강을 유지해야 한다.

☐ **disaster** | 명 재난, 참사
[dizǽstər]
Typhoon *Rusa* was the biggest *disaster* this year.
태풍 루사는 올해 가장 큰 재난이었다.

☐ **crisis** | 명 위기
[kráisis]
We passed the *crisis*.
우리는 위기를 넘겼다.

☐ **peer** | 명 동료, 동등한 사람
[piər]
We are *peers*, that is we are friends.
우리는 동료야, 친구란 말이지.

☐ **risk** | 명 위험, 모험 동 위험을 무릅쓰고 감행하다
[risk]
I like safety rather than a *risk*.
나는 모험보다는 안전한 것을 좋아한다.

☐ **treat** | 동 치료하다, 처치하다
[tri:t]
They *treated* me with a new medicine.
그들은 새로운 약으로 나를 치료했다.

☐ **medicine** | 명 약, 내복약
[médəsin]
A good *medicine* tastes bitter.
입에 쓴 약이 병에는 좋다.

□ **duty**
[djúːti]

명 의무, 본분

I felt it was my *duty* to tell them the truth.
나는 그들에게 진실을 이야기하는 게 내 의무라고 느꼈다.

□ **hardly**
[háːrdli]

부 거의 ~아니다, 전혀 ~않다

We *hardly* talk to each other.
우리는 서로 거의 이야기를 하지 않는다.

□ **generous**
[dʒénərəs]

형 관대한, 후한

His action marks him as *generous*.
그의 행동을 보면 그가 관대하다는 것을 알 수 있다.

□ **easy**
[íːzi]

형 쉬운, 힘들지 않은

This story is written in *easy* English.
이 이야기는 쉬운 영어로 쓰여 있다.

□ **study**
[stʌ́di]

동 공부하다, 연구하다 명 공부, 학습

What subjects are you *studying* at school?
학교에서 어떤 과목을 공부하니?

□ **several**
[sévərəl]

형 몇몇의, 여러 가지의

We stayed in London for *several* days.
우리는 런던에 여러 날 동안 머물렀다.

☐ **classify**
[klǽsəfài]

▐ 통 분류하다

The books in the library are *classified* by subject.
도서관의 책들은 주제별로 분류되어 있다.

☐ **famous**
[féiməs]

▐ 형 유명한

be famous for ~로 유명하다
She is a *famous* golfer.
그녀는 유명한 골프 선수다.

☐ **proud**
[praud]

▐ 형 자랑으로 여기는, 거만한

be proud of ~을 자랑하다, 뽐내다
I'm so *proud* of my dog, *Woongja*.
나는 우리 개, 웅자가 너무 자랑스럽다.

☐ **treasure**
[tréʒer]

몡 보물

They buried their *treasure*.
그들은 보물을 묻었다.

☐ **principle**
[prínsəpəl]

몡 원리, 원칙

It's not just a matter of *principle*.
그것은 단지 원칙의 문제만은 아니다.

☐ **admire**
[ædmáiər]

동 존경하다, 칭찬하다

After the World Cup, I *admire* our soccer players
more than anyone.
월드컵 이후로 나는 그 누구보다도 우리 축구 선수가 존경스럽다.

흑인들의 인권을 위해 몸바친 검은 천사

또 한 명의 **위대한**(great) 분을 소개하죠. 이 분은 **인권**(human rights)을 위해 평생을 산 분이랍니다. 바로 **목사**(priest)이자 인권 운동가 였던 마틴 루터 킹입니다. 그는 조지아 **주**(state) 애틀랜타에서 목사의 장남으로 태어났습니다. 아버지로부터 **종교적인**(religious) 가르침을 받고 자란 마틴 루터 킹은 차별을 받는 흑인들의 처지를 **인식하기**(aware) 시작했습니다. 자신이 흑인이기에 누구보다도 그 삶을 **이해했으며**(understand) 또한 누구보다 **분개했습니다**(angry). 그래서 흑인들을 **일깨워**(realize) 백인과 피부색이 다르다는 이유만으로 **열등한**(inferior) 인종으로 취급되고 있던 그들을 **구해야 한다**(ought [to])고 다짐했답니다.

영혼을 혹사시키느니
다리를 혹사시키겠다

우리의 마음에도
영혼이 있습니다.

그는 보스턴 대학에서 박사 **학위**(degree)를 받은 후 몽고메리 교회의 목사로 부임하였습니다. 목사가 된 후에 그는 본격적으로 흑인의 인권을 위해 과감한 **저항**(protest)을 시작했습니다. 흑인에게 상황을 **설명하고**(explain) 시민들을 **조 직화하였으며**(organize) 용기를 **북돋워**(courage cheer) 주었습니다. 그러던 어느 날, 시내버스의 흑인 차별에 저항하는 **보이콧**(boycott) 운동을 일으켰습니다. 학창 시절 간디의 영향을 많이 받은 그는 비**폭력 캠페인**(violent campaign) 운동을 통해 백인들에게 **순종하기**(obey)를 거부했습니다. **무시되어 왔던**(ignore) 흑 인의 인권을 위해 끊임없이 비판하고 **논쟁한**(argue) 결과 그는 일 년여 만에 그 투쟁에서 승리했습니다.

그후 그는 흑인들의 **지위**(status) 향상을 위해 흑인도 백인과 공통된 인권을 가져야 한다는 공민권 운동을 펼쳤습니다.

그는 공민권 운동이 고통 받는 흑인들의 삶을 위한 당연한 권리를 **요구하는**(claim) 것이라 생각했습니다.

그는 언제나 **진보된**(advance) 투쟁을 **생각했고**(consider), 그 뜻을 책에 담아내기도 했습니다. 《**자유**(freedom)를 향한 위대한 **행진**(parade)》이나 《우리 흑인은 왜 기다릴 수 없는가》 등과 같은 책이 그것입니다. 가끔은 **위협**(threat)도 받고 **위험**(danger)한 일도 겪었으며, **체포되어**(arrest) 감금되기도 했습니다.

하지만 그는 흑인들의 인권을 위한 것이라면 어떠한 일도 마다하지 않았습니다. **결국**(finally) 그는 그러한 공로를 인정받아 1964년 노벨 평화상을 받는 **영광**(glory)을 누렸답니다.

하지만 그는 1968년 흑인 청소부들의 **파업**(strike)을 위해 싸우다가 암살되는 **비극**(tragedy)을 맞았습니다. 그는 평생을 백인과 **동등한**(equal) 흑인의 권리 쟁취를 위해 일했습니다. 흑인 인권의 새로운 **지평**(horizon)을 위해 싸운 인권 운동의 **모범**(standard)이 되었죠. 흑인들을 위한 **정책**(policy)이 세워지도록 싸웠고 **소수의**(minor) 인권도 보장될 수 있다는 **확신**을 **주기**(convince) 위해 사람들을 만났습니다. 단지 피부가 검다는 이유만으로 **모욕**(insult) 받는 흑인들을 위해 권력의 **반대편에서**(opposite) 약자를 **지지하고**(support) 보듬어 주었습니다. 그는 죽었어도 우리의 **마음**(mind) 속에 항상 **깨어**(awake) 있고 **살아**(alive) 있을 것입니다.

☐ **great**
[greit]

형 위대한, 거대한, 멋진

He has a *great* manner.
그는 멋진 매너의 소유자다.

☐ **human rights**

명 인권

We should fight for *human rights*.
우리는 우리의 인권을 위해 싸워야 한다.

☐ **priest**
[pri:st]

명 성직자, 목자

He decided to become a *priest*.
그는 성직자가 되기로 결심했다.

☐ **state**
[steit]

명 국가, 주(州), 상태

There are 50 *states* in the United States.
미국의 주는 50개이다.

☐ **religious**
[rilídʒəs]

형 종교적인

명 religion 종교

My family isn't especially *religious*.
우리 가족은 특별히 종교적이지는 않다.

☐ **aware**
[əwέər]

형 깨닫고, 의식하고

be aware of ~을 알고 있다
I'm well *aware* of these problems.
나는 이 문제들을 아주 잘 알고 있어.

□ **understand**
[ʌ̀ndərstǽnd]

⟨동⟩ 이해하다, 알아듣다

understand-understood-understood
Do you *understand* that question?
너 그 질문 이해하니?

□ **angry**
[ǽngri]

⟨형⟩ 화난, 성난

She was *angry* with me.
그녀는 나에게 화가 나 있었다.

□ **realize**
[ríːəlàiz]

⟨동⟩ 깨닫다, 확실히 인식하다

⟨명⟩ realization 깨달음
Do you *realize* this is the third time you've made a
mistake?
너는 이번에 네가 실수를 세 번째 했다는 걸 알고 있니?

□ **inferior**
[infíəriər]

⟨형⟩ 열등한, 아래쪽의

You don't have to feel you are *inferior* to others.
다른 사람들보다도 네가 열등하다고 느낄 필요는 없다.

□ **ought**
[ɔːt]

⟨동⟩ ~해야 한다(+ to)

You *ought* to get more sleep.
너는 잠을 더 자야 해.

□ **degree**
[digríː]

⟨명⟩ 학위, 정도

She's got a physics *degree*.
그녀는 물리학 학위를 받았다.

☐ **protest**
[prətést]

명 항의, 저항, 이의(신청) 동 항의하다, 저항하다

The *protest* that he had an alibi was rejected.
그에게 알리바이가 있다는 이의 신청은 기각되었다.

☐ **explain**
[ikspléin]

동 분명하게 하다, ~을 설명하다

명 explanation 설명, 해설
He *explained* the meaning.
그는 의미를 설명해 주었다.

☐ **organize**
[ɔ́ːrɡənàiz]

동 조직하다, 구성하다, 준비하다

명 organization 구성
Who is going to *organize* the company trip?
누가 회사 여행을 준비할 거지?

☐ **courage**
[kə́rridʒ]

명 용기, 담력

He showed great *courage*.
그는 대단한 용기를 보여주었다.

☐ **cheer**
[tʃiər]

동 응원하다, 환호하다 명 격려, 환호

We *cheered* our team.
우리는 우리 팀을 응원했다.

☐ **boycott**
[bɔ́ikɑt]

명 보이콧(불매 운동)

Their *boycott* was effective.
그들의 불매 운동은 효과가 있었다.

☐ **violent** 　ㅣ　형 폭력적인, 격렬한
[váiələnt]
　명 violence 폭력
People might copy *violent* crime from TV.
사람들이 텔레비전을 보고 폭력적인 범죄를 모방할지도 모른다.

☐ **campaign** 　ㅣ　명 캠페인, 운동
[kæmpéin]
A protest *campaign* has great power.
저항 운동은 큰 힘을 갖고 있다.

☐ **obey** 　ㅣ　동 복종하다, 따르다
[oubéi]
Should we always *obey* our parents?
우리는 항상 부모님 말씀에 순종해야만 하는가?

☐ **ignore** 　ㅣ　동 무시하다, 모른 체하다
[ignɔ́:r]
Just *ignore* him.
그냥 그를 무시해.

☐ **argue** 　ㅣ　동 논쟁하다
[á:rgju:]
　명 argument 논쟁
I don't want to *argue* with you.
나는 너와 논쟁하고 싶지 않아.

☐ **status** 　ㅣ　명 지위, 상태
[stéitəs]
Her *status* as an entertainer is very high.
연예인으로서 그녀의 지위는 매우 높다.

☐ **claim**
[kléim]

통 요구하다, 주장하다

Both sides *claimed* the victory.
양쪽 모두 승리를 주장했다.

☐ **advance**
[ədvǽns]

명 진보 통 진보하다

The *advance* of technology is so fast.
기술의 진보는 정말 빠르다.

☐ **consider**
[kənsídər]

통 고려하다, 생각하다

My parents are *considering* opening a restaurant.
우리 부모님은 레스토랑을 개업하실 생각을 하고 계신다.

☐ **freedom**
[frí:dəm]

명 자유

I hope I will have more *freedom* when I go to university.
나는 대학에 가면 더 많은 자유를 얻게 되기를 바란다.

☐ **parade**
[pəréid]

명 행진, 행렬

I saw such a fantastic *parade* in Ever Land.
나는 에버랜드에서 정말 멋진 퍼레이드를 봤다.

☐ **threat**
[θret]

명 위협, 협박

It was just an empty *threat*.
그것은 단지 공갈 협박이었다.

danger
[déindʒər]

图 위험

휑 dangerous 위험한
Danger! Keep out!
위험해! 물러서!

arrest
[ərést]

图 체포하다 图 체포

The policeman *arrested* him in front of the bank.
경찰은 은행 앞에서 그를 체포했다.

finally
[fáinəli]

图 마지막에, 마침내

Finally, I would like to say "Thank you."
마지막으로 "고맙습니다." 라고 말하고 싶군요.

glory
[glɔ́:ri]

图 영광, 명예

He gained *glory* from his victory.
그는 승리로 인해 명예를 얻었다.

strike
[straik]

图 타격, 파업 图 치다

I think their *strike* is right.
나는 그들의 파업이 정당하다고 생각한다.
He *struck* the table with his fist.
그는 주먹으로 탁자를 쳤다.

tragedy
[trǽdʒədi]

图 비극

Ⅷ comedy 희극
The whole affair ended in *tragedy*.
모든 사건이 비극으로 끝났다.

☐ **equal**
[íːkwəl]

형 동등한, 같은

All people are *equal*.
모든 사람은 다 동등하다.

☐ **horizon**
[həráizən]

명 지평선, 수평선

The sun rose slowly above the *horizon*.
해가 지평선 너머로 천천히 떠올랐다.

☐ **standard**
[stǽndərd]

명 표본, 기본

White is the *standard* color for brides.
하얀색이 신부의 기본 색깔이다.

☐ **policy**
[páləsi]

명 정책, 방침

I'm against their *policy*.
나는 그들의 정책에 반대한다.

☐ **minor**
[máinər]

형 소수의, 중요하지 않은

반 major 다수의, 중요한
He's been in the *minor* leagues for 4 years.
그는 4년 동안 쭉 마이너 리그에 있었다.

☐ **convince**
[kənvíns]

통 확신을 주다, 납득시키다

We *convinced* her to go with us.
우리는 우리와 함께 가자고 그녀를 설득했다.

insult
[insʌ́lt]

통 모욕하다

I did not mean to *insult* you.
나는 너에게 모욕을 줄 생각은 없었어.

opposite
[ápəzit]

부 반대 위치에 형 반대쪽의, 정반대의

He sat down *opposite* to the teacher.
그는 선생님 맞은편에 있었다.

support
[səpɔ́ːrt]

통 지지하다, 후원하다

The Red Devils *supported* the Korean team.
붉은 악마는 한국 팀을 지지했다.

mind
[maind]

명 마음, 정신

Why did she change her *mind*?
왜 그녀가 마음을 바꿨지?

awake
[əwéik]

형 깨어 있는 통 깨다

He is wide *awake*.
그는 완전히 깨어 있다.

alive
[əláiv]

형 살아 있는

He must be still *alive*.
그는 아직 살아 있는 게 틀림없다.

Character 02

*

재미있는 이야기들

나달구

가리봉동의 전설적인 토박이. 현재 학교 권투부에서 활약중이다. 부끄러움을 잘 탄다. 차미에게 끝없는 애정 공세를 펼치는 의지남. 장래 희망은 차미의 남편!

WORD PARTY_
Character 02

재미있는 이야기들

주인공 : 나달구

어려울 때 친구가 진정한 친구!

이 **이야기**는 이솝 **우화**에 나오는 거랍니다. 좋은 교훈이 있으니 잘 들어 보세요.
  tale   fable
옛날 옛날에 서로 아주 **친하다**고 **믿었던** 두 친구가 **숲**을 걷고 있었어요.
            intimate believe   forest
어깨동무를 한 두 사람은 **맑은** 숲 공기를 **마시며** 이런 저런 대화를 나누고 있었지요.
                    fresh   breathe

그때, 어디선가 **거대하고 욕심** 많게 생긴 곰 한 마리가 그들 **앞**에 **나타났어요**.
              giant greedy   front   appear
"으하하하, 겁 없는 녀석들! 여기는 내 **구역**이다. 누굴 먼저 잡아 먹을까?" 곰은 **무시무시한 이**를 드러내며
                                zone   horrible teeth
다가왔죠. 둘은 너무나 **무서웠죠**. **결혼**도 못하고 죽는다고 **생각하니** 더 **억울했죠**.
approach   scared   marriage   guess   unfair

이때, **운동**을 잘하는 한 친구가 다른 친구를 **남겨두고** 잽싸게 옆의 높은 **소나무** 위로 **뛰어올라** 갔어요.
      sport   leave   pine   leap
남은 친구는 자기가 믿었던 친구가 배신하고 **도망간** 것에 **슬픔**을 느꼈죠. 하지만 마냥 슬퍼할 수만은 없었죠.
                                  flee   sorrow

평소에 운동을 열심히 하지 않은 것을 **후회하며** **꾀**를 내어보다가 드디어 좋은 **생각**이 났어요.
　　　　　　　　　　　　　　　　　regret　wit　　　　　　　　　　　　　idea
비록 겁은 났지만 죽은 **척하고** 그냥 **땅**에 누워서 **운**에 자기를 맡겨보자고 **결심한 거죠**.
although　　　　　pretend　　　ground　fortune　　　　　　　　　decide
그는 나무 위에서 자기를 내려다보며 **숨어 있는** 친구가 너무 **미웠답니다**.
　　　　　　　　　　　　　　　　　　hide　　　　　　　hate

"아니 방금까지도 멀쩡하던 녀석이 왜 죽었지?" 곰은 **이상하**다고 생각했습니다. 그래서 누워 있는 사람의 **냄새 맡으며** 정말
　　　　　　　　　　　　　　　　　　　　　　strange　　　　　　　　　　　　　　　　　　　sniff
죽었나 **확인해 보았죠**. 그 친구가 숨을 참고 **누워 있자**, 곰은 "에이, **겁쟁이** 녀석, 죽은 놈은 맛이 없어." 하고 가버렸습니다.
　　　check　　　　　　　　　　　　　　lie　　　　　　　　　　coward

곰이 간 후 나무에서 내려온 친구가 **놀라서** 물었습니다. "아니, 저 곰이 무슨 얘기를 **속삭이며** 살려주었는지
　　　　　　　　　　　　　　　　　　surprised　　　　　　　　　　　　　　　　whisper
이유를 말해 보게나."
reason
"글쎄 **요즘** 곰은 참 **똑똑하**더군. 자네처럼 혼자 도망가는 친구는 **믿을 만하지** 못하다고 **충고**를 하는 거야.
　　　nowadays　smart　　　　　　　　　　　　　　　　　　　reliable　　　　　　advice
어려울 때 친구가 **정말로** 진정한 친구라며 말이야. 하하하."
　　　　　　　　indeed

☐ **tale**
[téil]

명 이야기(= story)

The children love all of his *tales*.
아이들은 그의 이야기들을 모두 좋아한다.

☐ **fable**
[féibəl]

명 우화

When I was a child, I used to read Aesop's *Fables*.
나는 어렸을 때 이솝 우화를 읽곤 했어.

☐ **intimate**
[íntəmit]

형 친한, 가까운

We have been *intimate* friends for years.
우린 수년 동안 친한 친구로 지내오고 있다.

☐ **believe**
[bilíːv]

동 믿다

명 belief 믿음

Do you really *believe* that?
넌 정말 그걸 믿어?

☐ **forest**
[fɔ́ːrist]

명 숲

I got lost in the *forest*.
나는 숲 속에서 길을 잃었다.

☐ **fresh**
[freʃ]

형 새로운, 신선한

Are those eggs *fresh*?
저 계란들 신선한 건가요?
Everything looked *fresh* after the rain.
비 온 후에 만물이 싱싱하게 보였다.

☐ **breathe**
[bríːð]

동 숨쉬다

명 breath 숨, 호흡

It is great to *breathe* fresh air.
신선한 공기를 마시는 건 멋져.

☐ **giant**
[dʒáiənt]

형 거대한 명 거인

Look at that *giant* monster!
저 거대한 괴물을 봐!

☐ **greedy**
[gríːdi]

형 욕심 많은

In old stories, a *greedy* man never succeeds.
옛날 이야기에서 욕심 많은 사람은 결코 성공하지 못한다.

☐ **front**
[frʌnt]

명 앞쪽, 정면

in front of ~앞에
He is always nervous in *front* of girls.
그는 항상 여자 앞에서 긴장한다.

☐ **appear**
[əpíər]

동 나타나다

명 appearance 출연, 외모
She *appeared* at the end of the class.
그녀는 수업이 거의 끝날 무렵에 나타났다.
judge by *appearance* 겉모양만으로 판단하다

☐ **zone**
[zoun]

명 구역(= area)

I usually go to TTL *Zone* during my spare time.
나는 보통 남는 시간에 TTL 존에 간다.

☐ **horrible**
[hɔ́:rəbəl]

혱 무시무시한, 공포스러운

They are being *horrible* to me!
그들은 나한테 너무 무섭게 대해!

☐ **teeth**
[ti:θ]

명 tooth(이)의 복수

Open your mouth, or I can't look at your *teeth*.
입을 벌려, 안 그러면 네 이를 볼 수가 없잖아.

☐ **approach**
[əpróutʃ]

동 다가오다, 접근하다

A stranger *approached* me and asked my name.
낯선 사람이 나에게 다가와서 내 이름을 물었다.

☐ **scared**
[skɛərd]

혱 무서워하는, 겁먹은

동 scare 위협하다, 놀라게 하다
Don't be *scared* anymore.
더 이상 무서워하지 마.

☐ **marriage**
[mǽridʒ]

명 결혼

동 marry ~와 결혼하다
Their *marriage* looks so happy.
그들의 결혼 생활은 너무 행복해 보인다.
She *married* a German.
그녀는 독일 사람과 결혼했다.

☐ **guess**
[ges]

동 추측하다

I *guess* that she's about 30.
나는 그녀가 30세 정도 된다고 생각해.

☐ **unfair**
[ʌnfέər]

형 부당한, 불공평한

반 fair 공평한
It's so *unfair*.
그건 너무 불공평하다구.

☐ **sport**
[spɔːrt]

명 운동

He is good at all kinds of *sports*.
그는 만능 스포츠맨이다.

☐ **leave**
[liv]

동 떠나다, 남겨두다

leave-left-left
Don't *leave* me alone.
나 혼자 내버려두지 마.

☐ **pine**
[pain]

명 소나무

We use *pine* needles when making *Song-Pyeon*.
송편을 만들 때 솔잎을 쓴다.

☐ **leap**
[liːp]

동 뛰어오르다, 껑충 뛰다, 도약하다

The kangaroo *leaped* into the air.
캥거루는 공중으로 뛰어올랐다.

☐ **flee**
[fliː]

동 달아나다, 도망하다

flee-fled-fled
They *fled* from the building when the fire alarm
sounded.
화재 경보가 울렸을 때 그들은 건물 밖으로 달아났다.

sorrow
[sárou]

명 슬픔

I wanted to share his *sorrow*, if possible.
가능하다면, 그의 슬픔을 같이 나누고 싶었어.

regret
[rigrét]

동 후회하다

It's too late to *regret* it now.
지금은 후회해도 너무 늦어.

wit
[wit]

명 꾀, 재치

I like a boy who is full of *wit*.
나는 재치가 많은 남자가 좋다.

idea
[aidíːə]

명 생각, 의견

His *ideas* are always strange.
그의 생각은 항상 이상하다.

although
[ɔːlðóu]

접 비록 ~일지라도, 비록 ~이지만

Although it rained heavily, they went to work.
비가 심하게 내렸지만, 그들은 일하러 갔다.

pretend
[priténd]

동 ~인 척하다

She *pretended* to be asleep.
그녀는 잠든 척하고 있었다.

☐ **ground**
[graund]

명 땅, 운동장

We placed a rug on the *ground*.
우리는 땅에다 자리를 깔았다.

☐ **fortune**
[fɔ́:rtʃuːn]

명 운, 재수

You will have good *fortune* next month.
다음달에는 운이 좋을 거야.

☐ **decide**
[disáid]

통 결심하다 (= make up one's mind)

First, *decide* and then tell me your plan.
먼저 결정을 하고 나서 나에게 계획을 말해줘.

☐ **hide**
[haid]

통 숨다, 숨기다

hide-hid-hidden
If we *hide* the letter in a drawer, no one will be able
to find it.
우리가 서랍에 이 편지를 숨기면 아무도 못 찾을 거야.

☐ **hate**
[heit]

통 싫어하다, 증오하다

I *hate* the city.
난 그 도시가 싫어.

☐ **strange**
[streindʒ]

형 이상한

His behavior was so *strange* yesterday.
어제 그의 행동은 정말 이상했다.

sniff
[snif]

통 킁킁거리고 냄새 맡다

My dog loves *sniffing* at shoes.
우리 개는 신발 냄새 맡는 걸 좋아한다.

check
[tʃek]

통 검사하다, 확인하다

Let's *check* this name list.
이 명단을 한번 체크해 보자.

lie
[lai]

1. 통 눕다 2. 통 거짓말을 하다 명 거짓말

1. lie-lay-lain 2. lie-lied-lied
Go into the bedroom and *lie* on the bed.
침실에 가서 침대에 누워.
Don't *lie* to me. 나에게 거짓말하지 마.

coward
[káuərd]

명 겁쟁이

Don't play the *coward*.
비겁한 짓 하지 마.

surprised
[sərpráizd]

형 놀란

통 surprise 놀라게 하다 형 surprising 놀라게 만드는
He looked quite *surprised*.
그는 꽤나 놀라 보였다.
They *surprised* her with a wonderful present.
그들은 멋진 선물로 그녀를 놀라게 했다.
Her new hairstyle was very *surprising*.
그녀의 새로운 헤어 스타일은 매우 놀라웠다.

☐ **whisper** 　　⑧ 속삭이다
[hwíspər]
It's impolite to *whisper* in front of others.
다른 사람 앞에서 귓속말하는 건 무례한 짓이야.

☐ **reason** 　　⑲ 이유
[ríːzn]
What's the *reason* you were absent yesterday?
어제 너 결석한 이유가 뭐야?

☐ **nowadays** 　　⑭ 요즘
[náuədeiz]
Nowadays athletes are more popular than
entertainers.
요즘에는 운동 선수들이 연예인들보다 더 인기가 많다.

☐ **smart** 　　⑲ 영리한, 똑똑한
[smɑːrt]
My dog is so *smart* that he can even read my mind.
우리 개는 너무 영리해서 심지어 내 마음까지도 읽는다.

☐ **reliable** 　　⑲ 믿을 만한
[riláiəbl]
This car is not *reliable* on the highway.
이 차는 고속도로에서는 믿을 만하지 않다.

☐ **advice** 　　⑲ 충고
[ædváis]
⑧ advise 충고하다
You should follow his *advice*.
너는 그의 충고를 따르는 게 좋다.

☐ **indeed** 　　⑭ 정말로, 실제로
[indíːd]
This is bad news *indeed*.
이건 정말로 나쁜 소식이야.

이 세상 살아가다 보면……

여러분 '새옹지마(塞翁之馬)' 라는 고사**성어**를 아시나요? 모른다고요? 자, 그럼 이 말이 어떤 **유래**를 가지는지 알아볼까요?
　　　　　　　　　　　　　　　phrase　　　　　　　　　　　　　　　　　　　　　　　　origin
옛날 **중국 북방**의 **요새 근처**에 **점**을 아주 잘 보는 한 노인이 아들과 **말** 한 필을 데리고 살고 있었답니다.
　　China　northern fortress　near　fortune-telling　　　　　　　　　　　horse
그 노인은 마을의 어른**으로서** 조언을 잘 해주어 사람들은 노인을 공경했지요.
　　　　　　　　　　　as

그러던 어느 날, 노인의 말이 **갑자기 사라졌습니다. 이웃** 사람들이 모두 안타까워하며 노인을 **위로했습니다.**
　　　　　　　　　　　　　suddenly　disappear　neighbor　　　　　　　　　　　　　　　　　console
그러나 노인은 **초조해**하지도 않고 오히려 "누가 아오? 이 **해로움**이 **행운**이 될지……." 라고 말했죠.
however　　　　nervous　　　　　　　　　　　　　　　　　　harm　　luck

그 **일**이 있은 후, 몇 달의 **기간**이 지났습니다. 마을 사람들은 사라졌던 노인의 말이 **준마** 한 필을 데리고 마을에 나타난 걸 **알았습**
　　affair　　　　　　　period　　　　　　　　　　　　　　　　　　　　　swift horse　fetch　　　　　　notice
니다. 한가로이 **풀**을 뜯는 두 말을 보며 사람들은 노인의 탁월한 **견해**에 칭찬을 **아끼지** 않았습니다. 그러나 노인은 또 이상한 말
　　　meadow　　　　　　　　　　　　　　　　opinion　　spare
을 했습니다. "**아마도** 이 행운이 또한 **화**가 될 것이오." 노인의 말에 사람들은 고개를 가우뚱했답니다.
　　　　probably　　　　　misfortune

그런데 어느 날, 말 **타기**를 좋아하는 노인의 아들이 강**둑**을 **따라** 말을 타고 집으로 돌아오는 길에, 말에서 **떨어**
ride   bank along   fall
져 다리가 **부러지는 사고**가 **났습니다**.
break   accident happen
사람들은 그 말의 목을 **베어버리라고** 노인에게 말했습니다.
cut
그러나 노인은 또 사람들을 놀라게 하는 말을 했답니다. "누가 아오? 이 일이 복이 될지……."

그로부터 1년이 안 되어, 그 지역에 오랑캐가 대거 **침입하는 전쟁**이 일어났습니다.
invade   war
나라가 **곤궁**에 빠지자, 마을의 **건강한** 청년들은 모두 징병되어 전쟁터에서 죽었으나 오직 한 명, 노인의 아들만이 다
trouble   strong
리가 부러진 후 얻은 장애 때문에 징병되지 않았습니다. 사람들은 준마가 아들을 **구했다며** 노인을 부러워했습니다.
rescue

여러분 어때요? 참 이상하죠? 이처럼 세상을 살다 보면 복이 화가 되고, 화가 복이 되는 일이 있답니다.

이 이야기에는 인생은 **예측하기** 어려우니 작은 일에 슬퍼하거나 기뻐하지 말고 **차분히** 살아가라는 교훈이 **담겨 있죠**.
predict   calmly   contain

☐ **phrase**
[freiz]

명 어구

Can you explain this *phrase* for me?
이 어구 좀 설명해 줄래?

☐ **origin**
[ɔ́:ridʒin]

명 기원, 유래

형 original 원래의, 최초의
Do you know the *origin* of women's high heeled shoes?
여자들이 신는 하이힐의 유래를 아니?

☐ **China**
[tʃáinə]

명 중국

명 Chinese 중국인
It seems that almost every product is made in *China* these days.
요즘에는 거의 모든 제품들이 중국에서 만들어지는 것 같다.

☐ **northern**
[nɔ́:rðərn]

형 북쪽의

I live by the *northern* part of the *Han* river.
나는 한강의 북쪽 지역에 산다.

☐ **fortress**
[fɔ́:rtris]

명 요새

I used to be addicted to the '*Fortress*' game.
나는 한때 '포트리스(요새)' 게임에 중독됐었다.

☐ **near**
[niər]

전 가까이에 부 가까이

I live *near* my school.
나는 학교 가까이에 살아.

☐ **fortune-telling** 명 점, 예언
[fɔ́ːrtʃuːn tèliŋ] I don't believe in *fortune-telling*.
나는 점을 믿지 않아.

☐ **horse** 명 말
[hɔːrs] She fell from the *horse*.
그녀는 그 말에서 떨어졌다.

☐ **as** 전 ~로서 접 ~할 때, ~때문에
[æz] This box is used *as* a table.
이 상자는 탁자로 사용된다.
As I came home, my sister met me at the door.
내가 집에 왔을 때, 나는 내 여동생을 문 앞에서 만났다.
As she was so young, she couldn't reach that high.
그녀는 너무 어려서 그렇게 높이 닿을 수 없었다.

☐ **suddenly** 부 갑자기
[sʌ́dnli] 형 sudden 갑작스러운
The room *suddenly* turned silent.
그 방은 갑자기 조용해졌다.

☐ **disappear** 동 사라지다
[dìsəpíər] 반 appear 나타나다
The sun *disappeared* behind a cloud.
태양이 구름 뒤로 사라졌다.

☐ **neighbor**
[néibər]

명 이웃

I'm so lucky that I met such a kind *neighbor*.
이렇게 친절한 이웃을 만났다니 나는 정말 운이 좋다.

☐ **console**
[kənsóul]

동 위로하다

He *consoled* her about her father's death.
그는 그녀 아버지가 돌아가신 것에 대해서 그녀를 위로했다.

☐ **however**
[hauévər]

부 그러나

He solved one problem. *However*, then a worse one happened.
그는 하나의 문제를 해결했다. 그러나 그 뒤 더 심각한 문제가 생겼다.

☐ **nervous**
[nə́:vəs]

형 긴장한, 신경질적인

I was so *nervous* before having a job interview.
나는 취직 면접을 하기 전에 너무 긴장이 되었다.

☐ **harm**
[ha:rm]

명 손해, 해

There is much more *harm* in smoking than drinking.
술 마시는 것보다 담배를 피우는 것이 훨씬 더 해롭다.

☐ **luck**
[lʌk]

명 운(= fortune)

This ring will give you good *luck*.
이 반지가 너에게 행운을 가져다 줄 거야.

☐ **affair**
[əfɛ́ər]

명 일, 사건

This is a difficult *affair* to manage.
이것은 처리하기 곤란한 일이다.

☐ **period**
[píəriəd]

명 기간, (학교의) 교시

America's colonial *period* ended with the war for independence. 미국의 식민지 기간은 독립 전쟁으로 끝이 났다.

☐ **swift horse**
[swift hɔ́ːrs]

명 준마(매우 민첩한 말)

This is such a *swift horse*, so I'm not going to sell it.
이 놈은 그야말로 준마이기 때문에 나는 이 놈을 팔지 않을 거야.

☐ **fetch**
[fetʃ]

동 가져오다, 데려오다

I'm going to *fetch* my mother from the station.
나는 역에서 어머니를 모시고 올 거야.

☐ **notice**
[nóutis]

동 주목하다, 알아채다

You will *notice* a change in the weather soon.
너는 날씨의 변화를 곧 알아채게 될 거야.

☐ **meadow**
[médou]

명 목초지, 초원

This area used to be a *meadow*.
이 지역은 목초지였다.

opinion
[əpínjən]

명 의견, 견해

They should listen to the nation's *opinion*.
그들은 국민들의 의견에 귀를 기울여야 한다.

spare
[spɛəʳ]

동 아끼다, 남겨두다

I was told to *spare* no expense for the office equipment.
나는 회사 장비에 비용을 아끼지 말라고 말했다.

probably
[prábəbli]

부 아마

I'll *probably* be late.
나는 아마 늦을 거야.

misfortune
[misfɔ́ːrtʃən]

명 불행

I think God gave me this *misfortune* for testing me.
이 불행은 하나님이 나를 시험하기 위해 준 거라 생각해.

ride
[raid]

동 타다

He is *riding* on a bicycle.
그는 자전거를 타고 있다.

bank
[bæŋk]

명 은행, 둑

My uncle works at the *bank*.
우리 삼촌은 은행에서 일하신다.
It's on the north *bank* of the Thames.
그것은 템스 강 북쪽 둑에 있다.

along
[əlɔ́:ŋ]

전 ~을 따라

I walked *along* the riverside.
나는 강가를 따라 걸었어.

fall
[fɔ:l]

동 떨어지다 명 가을

fall-fell-fallen
The rain started to *fall*
비가 내리기 시작했다.

break
[breik]

동 부러뜨리다, 부수다

break-broke-broken
I'm going to tell the teacher that I *broke* the window.
선생님께 내가 유리창을 깼다고 말씀드릴 거야.

accident
[ǽksidənt]

명 사고

He is in hospital now from the car *accident*
그는 지금 자동차 사고로 병원에 입원해 있다.

happen
[hǽpən]

동 일어나다, 발생하다

When did the accident *happen*?
언제 그 사고가 일어났니?

cut
[kʌt]

동 베다, 잘라내다

I *cut* my finger with a knife.
난 칼에 손가락을 베였어.

☐ **invade**
[invéid]

동 ~에 침입하다

Few countries try to *invade* others nowadays, due to economic cooperation.

요즘 경제적인 협력 때문에 다른 나라를 침략하려는 나라는 거의 없다.

☐ **war**
[wɔːr]

명 전쟁

They are against the *war*.

그들은 전쟁에 반대한다.

☐ **trouble**
[trʌbəl]

명 곤궁, 어려움

If you tell mom on me, I'll be in *trouble*.

네가 엄마한테 고자질하면, 난 곤란해질 거야.

☐ **strong**
[strɔːŋ]

형 강한, 건강한

He is *strong* for his age.

그는 나이에 비해서 건강하다.

□ **rescue**
[réskju:]

┃ 图 구출하다

The fireman *rescued* many people from the fire.
그 소방관은 불길 속에서 많은 사람들을 구했다.

□ **predict**
[pridíkt]

┃ 图 예언하다, 예측하다

Nobody could *predict* the result.
누구도 결과를 예측할 수 없다.

□ **calmly**
[kɑːmli]

┃ 囝 침착하게, 고요하게

혱 calm 침착한, 고요한
Alan looked at him and said *calmly*
앨런은 그를 바라보며 침착하게 말했다.

□ **contain**
[kəntéin]

┃ 图 담고 있다

This book *contains* lots of pictures.
이 책에는 그림이 많이 있다.

차미는 나의 춘향이!

여러분 임권택 **감독**이 영화화해서 **찬사**를 받았던 춘향전을 아시나요?
director   film   praise
이 이야기 속에는 우리 나라 고유의 **전통**과 남녀의 애틋한 **사랑**이 **녹아** 있답니다. 전세계 **문화**를 **초월하여** 공감
tradition   love melt   culture exceed
을 주는 **작품**이죠. 이제 이야기 속으로 **들어갑시다.**
piece   enter

남원골 **수령**의 아들 이몽룡은 어느 날, 광한루에서 **그네**를 타고 있는 **단아하고,** 아름다운 성춘향을 **발견합니다.**
headman   swing   neat   discover
서로의 **몸종** 방자와 향단의 도움으로 두 사람은 첫만남을 가지게 되었답니다.
slave
첫눈에 **끌린** 두 사람은 깊은 사랑에 빠지게 되었습니다. 이 **커플**은 그야말로 천생연분이었습니다.
attract   couple

두 사람은 너무도 사랑하여 부모 **몰래** 결혼을 약속했습니다.
secretly
하지만 몽룡은 **수도** 한양으로 과거를 보러 떠나야 했습니다.
capital
두 사람은 **눈물**을 흘리며 아쉬운 **이별**을 했지만 춘향은 몽룡이 **꼭** 돌아오리라 굳게 믿었습니다.
tear shed   part   certainly

이별 후 얼마 지나지 않아, 남원골에 변사또라는 아주 **사악한** 수령이 부임했습니다.
　　　　　　　　　　　　　　　　　　　　　　　wicked
그 못된 수령은 춘향에게 수청을 들 것을 **강요하지만**, 일편단심 춘향은 이를 **거절합니다.**
　　　　　　　　　　　　　　　　　force　　　　　　　　　　　　　　　refuse
질투도 나고 화도 난 변사또는 춘향을 **매질**하고 **고문**하여 **옥**에 **가두어 버립니다.** 나쁜 변사또, 흑흑.
jealous　　　　　　　　　　　　　　　rod　　torture　　　jail　　　lock

고통 속에서 몽룡 도령만을 기다리던 춘향에게 드디어 몽룡이 나타납니다. 하지만 몽룡은 과거에 급제하기는
pain
커녕 **거지**꼴로 나타났습니다. 몽룡이 딸을 구해주길 **바랐던** 춘향의 엄마 월매는 크게 실망했죠.
　　　beggar　　　　　　　　　　　　　　　　　　wish
오라에 묶인 채 **창살** 사이로 몽룡을 만나는 춘향을 보며 방자와 향단이는 너무 슬퍼서 흐느껴 **울었답니다.**
rope　　　　　　bar　　　　　　　　　　　　　　　　　　　　　　　　　　　　　　　　　weep

다음날 이제 변사또가 춘향을 막 죽이려고 할 때였습니다.

"암행어사 출두요!! 와~" 엄청난 **함성**과 함께 **포졸**들과 암행어사가 변사또를 덮쳤습니다. 그런데 이게 웬일입니
　　　　　　　　　　　　　　battle cry　　police
까? 춘향을 구한 암행어사가 어제 거지로 찾아왔던 이몽룡이 아니겠습니까? 춘향은 **기적**을 보는 듯했습니다. 둘
　　　　　　　　　　　　　　　　　　　　　　　　　　　　　　　　　miracle
은 그후로 행복하게 살았답니다. 지금도 남원 광한루는 춘향과 몽룡의 사랑이 **이루어진** 곳으로 유명합니다.
　　　　　　　　　　　　　　　　　　　　　　　　　　　　　　　　accomplish

☐ **director**
[diréktər]

명 감독, 지도자

The *director* of this film won three awards this year.
이 영화의 감독은 올해 세 개의 상을 받았다.

☐ **film**
[film]

명 영화

He is interested in making *films*.
그는 영화를 만드는 일에 관심이 있다.

☐ **praise**
[preiz]

명 칭찬, 찬미

Praise makes good men better and bad men worse.
칭찬을 하면 선한 사람은 더 선해지고 악한 사람은 더 악해진다.(속담)

☐ **tradition**
[trədíʃən]

명 전통

형 traditional 전통적인

How much do you know about the *tradition*?
너는 전통에 대해 얼마나 많이 알고 있니?

☐ **love**
[lʌv]

명 사랑 동 사랑하다

I know a little about the *love* between a man and a woman.
나는 남녀간의 사랑에 대해 조금은 안다.

☐ **melt**
[melt]

동 녹다, 녹이다

I want to *melt* some cheese on my sandwich.
난 샌드위치에 치즈를 약간 녹여 넣을 거야.

☐ **culture**
[kʌ́ltʃər]

圄 문화

Children are taught to respect different *cultures*.
아이들은 다른 문화를 존중하도록 배운다.

☐ **exceed**
[iksíːd]

图 넘다, 초과하다

The level of my stress already *exceeded* its limit.
내 스트레스의 수준은 이미 한계를 넘어섰어.

☐ **piece**
[piːs]

圄 작품, 조각

This is the last *piece* of his art.
이것은 그의 마지막 미술 작품이다.
Why don't you have a *piece* of cake?
케이크 한 조각 먹지 그래?

☐ **enter**
[éntər]

图 들어가다, 입학하다

My sister will *enter* university next year.
우리 언니는 내년에 대학에 들어갈 거야.

☐ **headman**
[hédmæ̀n]

圄 수령, 지도자

My father is a village *headman*.
우리 아버지는 촌장이시다.

☐ **swing**
[swiŋ]

圄 그네 图 흔들리다

The kids were playing on the *swings*.
아이들은 그네를 타고 있었다.

neat
[niːt]

형 단정한

His style is always *neat* and basic.
그의 스타일은 항상 단정하고 기본적이다.

discover
[diskʌvər]

동 발견하다

In the 19th century, gold was *discovered* in California.
19세기 캘리포니아에서 금이 발견되었다.

slave
[sleiv]

명 노예

She treated her daughter like a *slave*
그녀는 자신의 딸을 노예 취급했다.

attract
[ətrǽkt]

동 ~의 마음을 끌다, 매혹하다

He was *attracted* by her charm.
그는 그녀의 매력에 이끌렸다.

couple
[kʌpl]

명 커플, 한 쌍

They are a romantic *couple*
그들은 낭만적인 커플이다.

secretly
[síːkritli]

부 몰래, 비밀스럽게

명 secret 비밀

They were *secretly* talking on the phone at night.
그들은 밤에 비밀스럽게 전화 통화를 하고 있었다.

□ **capital**
[kǽpətl]

명 수도

Seoul is the *capital* of Korea.
서울은 대한민국의 수도이다.

□ **tear**
명 [tiər]
동 [tɛər]

명 눈물 동 찢다, 찢어지다

tear-tore-torn
Tears ran down her cheeks.
눈물이 그녀의 빰을 타고 흘러내렸다.

□ **shed**
[ʃed]

동 (눈물을) 흘리다

He *shed* tears first among us.
그는 우리 가운데서 가장 먼저 눈물을 흘렸어.

□ **part**
[pɑːrt]

동 헤어지다 명 부분, 일부

It was so sad when they had to *part*
그들이 헤어져야만 했을 때 너무나 슬펐다.

□ **certainly**
[sə́ːrtnli]

부 확실히

He will *certainly* say "Yes, don't worry."
그는 확실히 "응, 걱정하지 마." 라고 말할 거야.

□ **wicked**
[wíkid]

형 사악한, 악덕한

He was a very *wicked* boss.
그는 정말 악덕 사장이었다.

☐ **force**
[fɔːrs]

동 강요하다

Don't *force* me to study.
공부하라고 강요하지 마.

☐ **refuse**
[rifjúːz]

동 거절하다

It's obvious that he will *refuse* our request.
그는 우리의 부탁을 분명히 거절할 거야.

☐ **jealous**
[dʒéləs]

형 질투심 많은, 시샘하는

She is so *jealous* that she doesn't want her boyfriend
to talk with other girls.
그녀는 질투심이 너무 많아서 자기 남자친구가 다른 여자애들하고
이야기하는 것도 싫어한다.

☐ **rod**
[rɑd]

명 회초리, 매질

Spare the *rod* and spoil the child.
매를 아끼면 자식을 망친다.

☐ **torture**
[tɔ́ːrtʃər]

명 고문 동 고문하다

I guess water *torture* is the most awful type.
내 생각에는 물고문이 가장 끔찍할 것 같아.

☐ **jail**
[dʒeil]

명 감옥

You will go to *jail* if you break the law once more.
법을 한 번만 더 어기면 넌 감옥에 가게 될 거야.

☐ **lock**
[lak]

⟩ 图 가두다

She was *locked* in the office last night.
그녀는 지난 밤에 사무실에 갇혀 있었다.

☐ **pain**
[pein]

⟩ 명 고통, 아픔

This pill is good for killing *pain*.
이 알약은 통증을 없애는 데 좋다.

☐ **beggar**
[bégər]

⟩ 명 거지

I don't give money to *beggars* anymore.
나는 거지들에게 더 이상 돈을 주지 않아.

☐ **wish**
[wiʃ]

⟩ 图 바라다 명 소망

I *wish* you all the best.
당신에게 가장 좋은 일만 생기길 빕니다.

☐ **rope**
[roup]

⟩ 명 밧줄

Are you sure this *rope* is safe?
이 밧줄 정말 안전하다고 확신하세요?

☐ **bar**
[bɑːr]

⟩ 명 막대, 빗장

I really want to remove this *bar* from the window.
이 창문의 쇠창살을 정말 없애버리고 싶어.

□ **weep**
[wiːp]

동 울다

She was *weeping* heavily.
그녀는 아주 슬프게 울고 있었다.

□ **battle cry**
[bǽtl krɑi]

명 (우뢰 같은) 함성

Let's give a *battle cry*
다 같이 우뢰와 같은 함성을 보내줍시다.

□ **police**
[pəlíːs]

명 경찰(관)

Police officers say they are friends of citizens.
경찰관은 자기들이 시민의 친구라고 말한다.

□ **miracle** | 명 기적

[mírəkl]

It's a *miracle* that nobody was killed in the car accident.
그 교통 사고에서 아무도 죽지 않은 것은 기적이다.

□ **accomplish** | 동 이룩하다, 완성하다

[əkámpliʃ]

She *accomplished* her purpose at last.
그녀는 마침내 목적을 달성했다.

Character 03

삼팔선

6·25 사변을 연상시키는 무시무시한 가르마 소녀. 남학생과 남자 연예인에 대한 관심도가 박사학위감! 취미는 거울 들여다 보기, 특기는 남자 학교에 명함 흘리기이다.

WORD PARTY_
Character 03

# 우리 나라의 명절

주인공 : 삼팔선

자, 여러분.
명절에 가장 즐거운 일이
뭐라고 생각하죠?

친척들이
한자리에 모일 수 있어서 좋아요.

우리 우리 설날은 오늘이래요!

pious

[páiəs]

형 경건한, 신앙심이 깊은

We should be *pious* when we sing the song.
그 노래를 부를 때는 경건해야 한다.

dear

[diər]

형 친애하는, 사랑스러운

Tom, my *dear* how are you?
사랑하는 탐, 어떻게 지내고 있니?

moral

[mɔ́:rəl]

형 도덕적인

I admire his *moral* characteristics more than anything.
나는 무엇보다 그의 도덕적인 품성을 높이 산다.

magpie

[mǽgpài]

명 까치

If you see a *magpie* in the morning, you will be lucky.
아침에 까치를 보면 재수가 좋다.

New Year's Day

명 설날

I prefer *New Year's Day* to *Chu-Seok*.
나는 추석보다는 설날이 더 좋다.

yesterday

[jéstərdi]

명 어제

Don't look back at your *yesterdays*. Just look forward.
과거를 돌아보지 마라. 그냥 앞만 보아라.

□ **different**
[dífərənt]

형 다른

반 same 같은

You should admit that others could be *different* from you.
너는 다른 사람들이 너와 다를 수도 있다는 것을 인정해야 한다.

□ **save**
[seiv]

동 저금하다, 아끼다, 구하다

I'm *saving* money little by little to buy an MP3 player.
나는 MP3 플레이어를 사기 위해 돈을 조금씩 모으고 있다.

□ **New Year's greetings**

명 세배, 새해 인사

My family visited relatives for *New Year's greetings*.
우리 가족은 세배를 하러 친척들을 방문했다.

□ **pocket money**

명 용돈

This month, my dad cut down my *pocket money*.
이번 달에 아빠가 내 용돈을 줄이셨다.

□ **kite**
[kait]

명 연

Nowadays, it's not easy to see children flying *kites*.
요즘에는 연 날리는 아이들을 보는 것이 쉽지 않다.

□ **shield**
[ʃiːld]

명 방패, 보호물

The Air Force is our *shield* against invasion.
공군은 침략에 대비한 방패다.

☐ **bamboo**

[bæmbú:]

명 대나무

My grandmother always uses her *bamboo* chopsticks.
우리 할머니는 항상 대나무 젓가락만 사용하신다.

☐ **paste**

[peist]

동 붙이다

Do you know how to copy and *paste* the file?
넌 파일을 어떻게 복사해서 붙이는지 아니?

☐ **stingray**

[stíŋrèi]

명 가오리

A *stingray* is a large sea animal.
가오리는 커다란 바다 동물이다.

☐ **tail**

[teil]

명 꼬리

A dog wags its *tail* when it feels friendly.
개는 친밀함을 느꼈을 때 꼬리를 흔든다.

☐ **balance**

[bǽləns]

명 균형

If you close your eyes, it's quite difficult to keep your
balance. 눈을 감으면 균형을 유지하기가 꽤 힘들다.

☐ **fault**

[fɔːlt]

명 결점, 단점

It's not my *fault*!
내 잘못이 아니야!

□ **merit**

[mérit]

평 장점, 가치

I couldn't find any *merits* about him.
나는 그에게서 아무런 장점도 발견하지 못했다.

□ **pick up**

집다, (차로) 사람을 마중나가다

Pick up the knife under the table.
탁자 아래에 그 칼 좀 집어라.
My dad will *pick* me *up* today.
오늘은 우리 아빠가 차로 나를 데리러 오실 거야.

□ **wipe**

[waip]

동 닦다

Please use a cloth to *wipe* the table clean.
탁자를 깨끗이 닦으려면 행주를 쓰세요.

□ **candle**

[kǽndl]

명 촛불, 초

When the power goes out, we use *candles*.
정전이 됐을 때, 우리는 촛불을 사용한다.

□ **little**

[lítl]

형 작은

A *little* old man came into the shop.
어느 작은 노인이 가게로 들어왔다.

□ **toothpick**

[tu:θpik]

명 이쑤시개

My dad always uses a *toothpick* after meals.
우리 아빠는 항상 식사 후에 이쑤시개를 사용하신다.

between
[bitwíːn]

전 ~사이에

There was a big fight *between* them.
걔네들 사이에 큰 싸움이 있었다.

spin
[spin]

동 (팽이 등을) 돌리다

Can you whip a top to make it *spin*?
너 팽이 쳐서 돌릴 수 있어?

freeze
[friːz]

동 얼다

freeze-froze-frozen
Without a tent or sleeping bag, you could *freeze* to death out there.
텐트나 침낭 없이는 바깥에서 얼어 죽을 수도 있다.

skate
[skeit]

동 스케이트 타다 명 스케이트

How about going *skating* at Lotte World?
롯데월드에 스케이트 타러 가지 않을래?

kin
[kin]

명 친척, 일가

All of her immediate *kin* are dead.
그녀의 가까운 친척은 모두 다 돌아가셨다.

sleigh
[slei]

명 썰매

When I was a child, my dog used to pull me in a *sleigh*.
내가 어린아이였을 때, 우리 개가 나를 썰매로 끌어 주곤 했었다.

bet
[bet]
동 내기하다, 시합하다, 돈을 걸다

bet-bet-bet
I'll *bet* $20.
20달러를 걸지.

cross
[krɔːs]
동 건너다

Don't *cross* this line, otherwise, I'll never talk to you again.
이 선 넘어오지 마, 안 그러면 너랑 다시는 얘기 안 할 거야.

race
[reis]
명 시합, 경주

That is a world-famous car *race*.
그건 세계적으로 유명한 자동차 경주다.

cutting board
명 도마

This *cutting board* is too old.
이 도마는 너무 오래 됐다.

recycle
[riːsáikəl]
동 재활용하다

These days, *recycling* is really important.
요즘에는 재활용이 정말 중요하다.

top
[tɑp]
명 일등, 우승, 꼭대기

I've never been at the *top* of the class.
나는 한 번도 반에서 일등을 해본 적이 없다.

□ **victory**
[víktəri]

명 승리

We cheered for our team's *victory*.
우리는 우리 팀의 승리를 응원했다.

□ **bowl**
[baul]

명 그릇, 용기

He had three *bowls* of soup.
그는 스프를 세 그릇 먹었다.

□ **than**
[ðen]

접 ~보다 더

Could you treat me better *than* he does?
너, 걔보다 더 나한테 잘 해줄 수 있어?

□ **yet**
[jet]

부 아직, 벌써(의문문)

I haven't seen him *yet*. 나는 아직 그를 보지 못했다.
Is it raining *yet*? 벌써 비가 오니?

□ **ghost**
[goust]

명 귀신, 유령

I'm really scared of *ghost* movies.
나는 귀신 영화를 정말 무서워한다.

□ **steal**
[sti:l]

동 훔치다

steal-stole-stolen
He tried to *steal* our car.
그는 우리 차를 훔치려 했다.

drive away 쫓아내다

I was scared of the dog, so my dad *drove* it *away*.
내가 그 개를 무서워하자, 아빠가 쫓아버리셨다.

pole
[poul]

명 장대

Don't pull the cord strongly. The curtain *pole* might fall. 줄을 강하게 잡아당기지 마라. 커튼 봉이 떨어질 수도 있다.

hang
[hæŋ]

동 걸다, 목매달다

hang-hung-hung (걸다) hang-hanged-hanged (목매달다)
Hang your coat and hat on the rack over there.
코트랑 모자를 저기 걸이에 걸어라.
He *hanged* himself.
그는 목매달아 자살했다.

hole
[houl]

명 구멍, 틈

The boat is leaking because of this *hole*.
이 구멍 때문에 배에 물이 새고 있다.

count
[kaunt]

동 세다

Don't *count* your chickens before they are hatched.
병아리가 부화하기도 전에 그 수를 세지 마라.
(떡 줄 사람은 생각도 안 하는데 김칫국부터 마시지 마라.)

□ **lunar**
[lú:nər]

형 달의

According to the *lunar* calendar, when is your birthday? 네 음력 생일은 언제니?

□ **celebrate**
[séləbrèit]

동 축하하다

명 celebration 축하

We *celebrated* her birthday with a party.
우리는 파티를 열어 그녀의 생일을 축하했다.

□ **ritual**
[rítʃuəl]

명 제사, 의례 형 의식의, 관습의

They value all kinds of religious *ritual*.
그들은 모든 종교적 의례를 가치 있게 여긴다.

□ **stupid**
[stjú:pid]

형 어리석은, 무식한

That's a *stupid* question.
그건 바보 같은 질문이야.

□ **Children's Day**

명 어린이날

My sister loves *Children's Day* although she is an adult.
우리 언니는 어른이면서도 어린이날을 무척 좋아한다.

□ **pebble**
[pébəl]

명 자갈, 조약돌

Let's count seashells and *pebbles*.
조개와 조약돌을 세어 보자.

insert
[insə́:rt]

통 끼워 넣다, 주입하다

I *inserted* my key in the lock.
난 자물쇠에 열쇠를 끼워 넣었다.

decorate
[dékərèit]

통 장식하다

Don't *decorate* this cake. I like it plain.
이 케이크에 장식하지 마세요. 저는 그냥 단순한 것이 좋아요.

jujube
[dʒú:dʒu:b]

명 대추, 대추나무

My grandmother said all the *jujubes* dropped from the tree.
우리 할머니는 대추가 그 나무에서 모두 떨어졌다고 말씀하셨다.

popular
[pápjələr]

형 인기 있는

Scooters are very *popular* among children.
스쿠터가 어린이들 사이에서 매우 인기가 있다.

knee
[ni:]

명 무릎

The baby is sitting on its father's *knee*.
그 아기는 아빠의 무릎 위에 앉아 있다.

touch
[tʌtʃ]

통 닿다, 손대다

This is really fragile, so please don't *touch* it.
이것은 매우 깨지기 쉬운 거니까, 제발 손대지 마세요.

☐ **lose**
[lu:z]

📖 (게임에서) 지다, 잃다

When I play tennis with Anita, I always *lose*
애니타와 테니스를 치면 난 항상 진다.

☐ **loaf**
[louf]

📖 덩어리

Could you buy one *loaf* of fresh bread?
신선한 빵 한 덩어리만 사올래?

☐ **weight**
[weit]

📖 몸무게

Women prefer not to tell their *weight*
여자들은 자신의 몸무게를 말하려 하지 않는다.

☐ **complain**
[kəmpléin]

📖 불평하다

📖 complaint 불평
He kept on *complaining* about the class.
그는 계속해서 수업에 대해 불평했다.

☐ **gain**
[gein]

📖 얻다, 획득하다

He has *gained* weight these days.
그는 요즘 살이 쪘다.

☐ **deaf**
[def]

📖 귀가 먼, 청각 장애의

Please turn it down! I'm not *deaf*!
제발 소리 좀 낮춰! 나 귀 안 먹었어!

□ **pleasure** 　│ 명 흥, 즐거움, 기쁨
[pléʒər]
　통 please 즐겁게 하다
It's my *pleasure* that I have a chance to give you my autograph.
이렇게 제 사인을 드릴 기회를 갖게 되어서 기쁩니다.

□ **native** 　│ 형 고유의, 타고난, 토착의
[néitiv]
You shouldn't speak too much of your *native* language in an English class.
영어 수업에서는 모국어를 너무 많이 쓰지 말아야 합니다.

□ **delicious** 　│ 형 맛있는, 향기로운
[dilíʃəs]
The apple was *delicious*
그 사과는 맛있었다.

□ **wagon** 　│ 명 수레, 4륜차
[wǽgən]
The little child always stops his mom when he sees a hot dog *wagon*
그 꼬마는 핫도그 판매차를 볼 때마다 엄마를 세운다.

□ **wheel** 　│ 명 바퀴
[hwiːl]
The baby cried out when he lost a *wheel* of his toy car. 그 아기는 장난감 차에 바퀴가 없어졌다고 울어댔다.

□ **landscape** 　│ 명 풍경
[lǽndskèip]
My mom likes to buy *landscape* paintings.
우리 엄마는 풍경화 사는 걸 좋아한다.

☐ **painter**
[péintər]

명 화가

I used to want to be a famous *painter*, but I gave it up a long time ago.
나는 유명한 화가가 되고 싶었지만, 오래전에 포기했다.

☐ **master**
[mǽstər]

명 명인, 대가, 정통한 사람, 주인

He is a *master* of Star-Craft.
그는 스타크래프트의 대가다.

☐ **smart**
[smɑːrt]

형 박식한, 많이 알고 있는

My teacher seems to be really *smart*.
우리 선생님은 진짜 똑똑하신 것처럼 보인다.

☐ **sweetheart**
[swíːthɑ̀ːrt]

명 연인, 애인

My sister is always busy talking to her *sweetheart* on the phone.
우리 언니는 남자친구한테 전화하느라 항상 바쁘다.

☐ **gingko**
[gíŋkou]

명 은행

My grandma takes medicine made from *gingko*.
우리 할머니는 은행으로 만든 약을 드신다.

☐ **seed**
[siːd]

명 씨앗

He bought a bag of grass *seeds*.
그는 잔디 씨 한 봉지를 샀다.

gift
[gift]
> 명 선물, 타고난 재주

Before I left Canada, I bought some *gifts* for my family.
캐나다를 떠나기 전에 나는 우리 가족들을 위한 선물들을 샀다.
He has a *gift* for languages.
그는 언어에 대한 재주를 타고났다.

romantic
[roʊmǽntik]
> 형 낭만적인

I like *romantic* boys but one of my friends likes tough guys. 나는 낭만적인 남자가 좋은데, 내 친구 중 한 명은 터프 가이를 좋아한다.

regular
[régjələr]
> 형 정기적인, 규칙적인

Off-season hotel rates are cheaper than the *regular* rates. 비수기 호텔 요금은 정상 요금보다 싸다.

assembly
[əsémbli]
> 명 모임, 회의

All pupils are expected to attend school *assembly*.
모든 학생들은 학교 모임에 참여하도록 되어 있다.

servant
[sə́:rvənt]
> 명 하인

They were very rich, so they had lots of *servants*.
그들은 매우 부유해서 하인들이 많았다.

especially
[ispéʃəli]
> 부 특별히

I like sweets, *especially* chocolate cake.
나는 단 것을 좋아하는데, 특히 초콜릿 케이크를 좋아한다.

☐ **wash one's hair** | 머리를 감다, 멱감다

It's time to *wash my hair*.
머리 감을 시간이야.

☐ **polish**
[páliʃ]

동 닦다, 윤기내다, 윤기나다, 반짝이다

I *polished* my dad's car to get some money.
나는 돈을 좀 받으려고 아빠의 차를 닦아 드렸어.

☐ **shade**
[ʃéidi]

명 그늘

Is there any *shade*? It's too hot to stand here.
어디 그늘 같은 데 없나? 여기는 서 있기 너무 더워.

☐ **below**
[bilóu]

부 아래쪽에

There was a boathouse *below* the bridge.
그 다리 아래에 보트 창고가 있었다.

☐ **grasshopper**
[grǽshàpər]

명 메뚜기

I found a *grasshopper* in the room and screamed.
나는 방에서 메뚜기 한 마리를 발견하고 소리를 질렀다.

☐ **surf**
[səːrf]

동 파도타기 하다, 검색하다

They go *surfing* every weekend.
그들은 주말마다 서핑을 하러 간다.

□ **begin**
[bigín]

동 시작하다 (=start)

When did you *begin* to learn English?
너는 언제 영어를 배우기 시작했니?

□ **prove**
[pruːv]

동 증명하다

Can you *prove* that you are innocent?
너는 네가 결백하다는 걸 증명할 수 있니?

□ **transmit**
[trænsmít]

동 전하다, 전염시키다

Cholera is *transmitted* through foul water.
콜레라는 오염된 물을 통해서 전염된다.

뒷동산 가서 강강수월래 하자!

☐ **holiday**
[hálədèi]

명 명절, 휴일

Chu-Seok is one of my favorite *holidays*
추석은 내가 좋아하는 명절 중의 하나이다.

☐ **festival**
[féstəvəl]

명 축제

I'm going to invite my boyfriend to my school *festival*
나는 학교 축제에 남자친구를 초대할 거야.

☐ **grave**
[greiv]

명 묘소, 무덤

My father's *grave* is in Highland Cemetery.
내 아버지의 무덤은 하이랜드 공동 묘지에 있다.

☐ **woods**
[wudz]

명 숲

I saw one red squirrel in the *woods*
나는 숲에서 빨간 다람쥐 한 마리를 보았다.

☐ **path**
[pæθ]

명 길, 작은 길

Go along this *path* until you reach the road, then turn left.
이 길을 따라 도로가 나올 때까지 쭉 가시다가, 좌회전하세요.

☐ **grass**
[græs]

명 풀

She likes collecting dried flowers and *grasses*
그녀는 말린 꽃과 풀을 모으는 것을 좋아한다.

□ **bored**
[bɔːrd]

형 (사람이) 심심함을 느끼는

형 boring 심심하게 만드는 통 bore 심심하게 하다, 지루하게 하다

I was too *bored* to listen to his speech.
나는 너무 지루해서 그의 연설을 들을 수가 없었어.

The lecture was *boring*
그 강의는 지루했다.

The game *bored* me to death.
그 게임은 아주 지긋지긋했다.

□ **grain**
[grein]

명 곡식, 낟알

Grain prices have fallen again.
곡물의 가격이 다시 떨어졌다.

□ **harvest**
[háːrvist]

명 추수, 수확

They had a good *harvest* of potatoes this year.
올해 그들의 감자 추수가 무척 잘되었다.

□ **handsome**
[hǽnsəm]

형 잘생긴

He is *handsome* and strong.
그는 잘생기고 건강하다.

□ **husband**
[hʌ́sbənd]

명 남편

A good *husband* makes a good wife.
훌륭한 남편이 훌륭한 아내를 만든다.

□ **steam**
[sti:m]

명 찌다

After you *steam* the rice, you can make rice cakes.
쌀가루를 찐 후, 떡을 만들 수 있다.

□ **perfume**
[pə́:rfju:m]

명 향, 향수

I don't like strong *perfumes*.
나는 강한 향수는 좋아하지 않는다.

□ **effort**
[éfərt]

명 노력, 수고

If you don't give any *effort*, you can't expect a good result. 노력하지 않으면, 좋은 결과를 기대할 수 없다.

□ **require**
[rikwáiər]

동 요구하다

명 requirement 요구, 필요물

My teacher *required* me to be present for the ceremony.
선생님은 그 행사에 참석하라고 내게 말씀하셨다.

□ **improve**
[imprú:v]

동 나아지게 하다, 향상시키다

명 improvement 향상

How can we *improve* our English?
어떻게 하면 우리의 영어 실력이 나아질까?
Hiddink brought a great *improvements* to Korean soccer. 히딩크는 한국 축구에 커다란 발전을 가져왔다.

□ **recipe**
[résəpì]

명 요리법

I'd like to get a *recipe* for spaghetti.
스파게티 요리법을 알고 싶은데요.

□ **instead**
[instéd]

㉿ 대신에

instead of ~의 대신으로
How about going shopping, *instead* of to a movie?
영화 보는 대신에 쇼핑 가는 건 어떠니?

□ **flour**
[flauər]

㉤ (일반적 곡물의) 가루, 밀가루

You need a special kind of *flour* to make bread.
빵을 만들기 위해서는 특별한 밀가루가 필요하다.

□ **honey**
[hʌ́ni]

㉤ 꿀

When you have a cold, drink a cup of *honey* tea.
감기 걸렸을 때는 꿀차를 한 잔 마셔라.

□ **blend**
[blend]

㉼ 섞다

Blend all ingredients in a bowl.
모든 것들을 한 그릇에 넣으세요.

□ **swallow**
[swʌ́lou]

㉼ 삼키다 ㉤ 제비

The baby *swallowed* the coin.
그 아기는 동전을 삼켜 버렸다.
One *swallow* does not make a summer.
제비 한 마리가 왔다고 여름이 오는 것은 아니다.
(하나를 가지고 속단하지 마라.)

□ **bull**
[bul]

㉤ 황소

cf. cow 암소, 젖소
Bulls are very strong and large animals.
황소는 정말 힘이 세고 큰 동물이다.

straw
[strɔ:]

명 짚, 지푸라기

Don't forget a *straw* hat when you work in the field.
들에서 일할 때 밀짚 모자를 잊지 마세요.

cover
[kʌ́vər]

통 덮어쓰다, 덮다

Just look at your hands! They're *covered* in mud!
너 손 좀 봐라! 완전히 진흙 투성이네!

visit
[vízit]

통 방문하다

명 visitation 방문

Today, an important guest will *visit*, so I have to clean up. 오늘 중요한 손님이 오시기 때문에 청소를 해야 한다.

dye
[dái]

통 물들이다, 염색하다 명 물감, 염료

He *dyed* his hair black again.
그는 머리를 다시 검정색으로 염색했다.

maple
[méipəl]

명 단풍나무

The *maple* leaf is the symbol of Canada.
단풍나무 잎은 캐나다의 상징이다.

cricket
[kríkit]

명 귀뚜라미

I like hearing *crickets* chirping on autumn nights.
나는 가을 밤에 귀뚜라미들이 우는 것을 듣는 게 좋다.

tray
[trei]

圄 쟁반, 식판

Choose whatever you want to eat and put it on your *tray*. 뭐든지 네가 먹고 싶은 걸 골라서 네 쟁반에 놔.

sight
[sait]

圄 경치, 광경

The city of London has wonderful *sights*
런던은 경치가 멋지다.

Thanksgiving Day

圄 추수 감사절

Chu-Seok is very similar to *Thanksgiving Day* in North America.
추석은 북미의 추수 감사절과 매우 비슷하다.

distant
[dístənt]

圄 먼, 떨어진

I could hear the *distant* sound of fireworks.
나는 멀리서 들려오는 불꽃놀이 소리를 들을 수 있었다.

novel
[návəl]

圄 신기한, 이제까지 들어보지 못한 圄 소설

That's a very *novel* idea.
그건 굉장히 새로운 생각이다.
I always fall asleep when I read a *novel*
나는 소설만 읽으면 항상 졸린다.

scissors
[sízərz]

圄 가위

I'm left-handed, so I don't like to use *scissors*
나는 왼손잡이라서, 가위 쓰기를 싫어한다.

☐ **bright**
[brait]

형 밝은, 빛나는

It was so *bright* that I had to close my eyes.
너무 밝아서 나는 눈을 감고 있어야 했다.

☐ **full moon**

명 보름달

This *Chu-Seok*, we couldn't see the *full moon*.
이번 추석에는 보름달을 볼 수가 없었다.

☐ **enemy**
[énəmi]

명 적

She made an *enemy* of her coworker.
그녀는 동료들 사이에서 적을 만들었다.

☐ **protect**
[prətékt]

동 보호하다

명 protection 보호
I always wear a hat in summer to *protect* my head
from the sun.
난 태양으로부터 머리를 보호하기 위해 여름에는 항상 모자를 쓴다.

☐ **battleship**

명 전함

Some of the soldiers were killed on the *battleship*.
군인 몇 명은 전함 위에서 죽었다.

☐ **turtle**
[tə́:rtl]

명 거북이

Turtles live very long.
거북이들은 아주 오래 산다.

□ **rotate**
[róuteit]

통 돌다, 순환하다

명 rotation 순환, 회전

Rotate the handle 180° to open the door.
문을 열려면 손잡이를 180도 돌려라.

We have to work at night by *rotation*.
우리는 돌아가면서 밤에 일해야 한다.

□ **maid**
[meid]

명 아가씨, 처녀, 하녀

Her *maid* helped her to dress for the ball.
그녀의 하녀가 그녀가 무도회 옷 입는 것을 도와주었다.

□ **divide**
[diváid]

통 나누다, 분할하다

명 division 나눔

Let's *divide* it into two pieces.
이거 두 조각으로 나누자.

Character 04

우와, 수학 여행이다!

드라마 탁

교내 연극반을 주름 잡는 여우. 현재는 수습으로 무대의상 주름 잡는 일을 하고 있다. 명랑, 활달, 혈기 왕성의 대명사. 언제나 넘치는 열정으로 그 누구보다 바쁘다.

WORD PARTY_
Character 04

우와, 수학 여행이다!

주인공 : 드라마 탁

lavatory
[lǽvətɔ:ri]

명 (특히 비행기 안의) 화장실

Where is the *lavatory*?
화장실 어디예요?

fly
[flai]

동 날다 명 파리

fly-flew-flown
Birds can *fly* wherever they want to go.
새들은 가고 싶은 데 어디든지 날아갈 수가 있다.

soon
[su:n]

부 곧

I'll see the dentist *soon*.
나는 곧 치과에 갈 거야.

airport
[ɛ́ərpɔ̀:rt]

명 공항

You have to pay for using a locker in the *airport*.
공항에 있는 보관함을 이용하려면 돈을 내야 한다.

arrive
[əráiv]

동 도착하다

Please let me know when you're *arriving* here.
여기 언제 도착하는지 알려줘.

ocean
[óuʃən]

명 바다, 대양 (=sea)

I prefer cobalt blue, like the color of the *ocean*.
나는 바다 색깔 같은 코발트 블루를 좋아한다.

□ **across**
[əkrɔ́ːs]

부 가로질러서

When it is raining, walk quickly *across* the playground to your bus.
비가 올 때는, 놀이터를 재빨리 가로질러 버스로 가라.

□ **southern**
[sʌ́ðərn]

형 남쪽의

She said I had a slight *southern* accent.
그녀는 내가 남쪽 지방 억양을 약간 갖고 있다고 했다.

□ **beach**
[biːtʃ]

명 해변

We are vacationing at the *beach*.
우린 해변에서 휴가를 보내고 있어.

□ **cloud**
[klaud]

명 구름

Today, there isn't a *cloud* in the sky.
오늘은 하늘에 구름이 한 점도 없네.

□ **cotton candy**
[kátn kǽndi]

명 솜사탕

My mom used to buy *cotton candy* at the amusement park.
우리 엄마는 놀이 공원에 가면 솜사탕을 사주시곤 했다.

□ **gather**
[gǽðər]

동 모으다

We are *gathering* the money for our teacher's birthday party.
우리는 선생님 생신 파티를 위해서 돈을 모으고 있다.

sick
[sik]

혱 아픈, 속이 안 좋은

I think I ate too much. I'm a little bit *sick*.
너무 많이 먹었나 봐. 속이 안 좋아.

plastic bag

명 비닐 봉지

In stores, customers can get a *plastic bag* or paper one.
가게에서 구매자들은 비닐 봉지나 종이 봉지를 얻을 수 있다.

bird
[bəːrd]

명 새

Yesterday, I saw a very ugly *bird* in the park.
나는 어제 공원에서 진짜 못생긴 새를 한 마리 봤어.

sky
[skai]

명 하늘, 천국

The *sky* turned dark as the storm came near.
폭풍이 가까워 오자 하늘이 어두워졌다.

crow
[krou]

명 까마귀

I saw a *crow* just now. I'll be unlucky all day.
방금 까마귀 봤어. 오늘 하루 종일 재수가 없겠군.

idiot
[ídiət]

명 멍청이, 얼간이

He always calls me '*Idiot*.'
그는 항상 나를 '멍청이'라고 부른다.

☐ **nobody** | 때 (주어로 쓰임) 아무도 ~ 않다
[nóubàdi]

Nobody knew where the shop was.
아무도 그 가게가 어디 있는지 모르더라.

☐ **drink** | 통 마시다 명 음료수
[driŋk]

Do you want something to *drink*?
마실 것 좀 드릴까요?

☐ **already** | 분 이미, 벌써
[ɔːlrédi]

My parents *already* came back home.
우리 부모님이 벌써 돌아오셨어.

☐ **cookie** | 명 쿠키, 과자
[kúki]

I like all kinds of *cookies* so much.
나는 쿠키라면 모두 너무 좋아해.

☐ **land** | 통 착륙하다 명 땅, 육지
[lænd]

We are going to *land* shortly.
곧 착륙하겠습니다.
This *land* is too dry.
이 땅은 너무 말랐다.

☐ **again** | 분 다시
[əgén]

I'd like you to visit us *again*.
다시 한번 저희를 방문해 주세요.

throw
[θrou]

통 던지다

He is going to *throw* the ball to you.
그는 공을 너에게 던질 거야.

worry
[wə́:ri]

통 걱정하다

Don't *worry* about it and just trust me.
그 걱정은 하지 말고 그냥 나만 믿어.

attack
[ətǽk]

명 공격 통 공격하다

A computer virus *attack* can seriously damage your system.
컴퓨터 바이러스의 공격은 네 시스템에 심각한 손상을 일으킬 수 있다.

escape
[iskéip]

통 탈출하다

They used a tunnel to *escape* from the jail.
그들은 감옥에서 탈출하는 데 터널을 이용했다.

stewardess
[stjú:ərdis]

명 여승무원

반 steward 남승무원

A *stewardess* should have a friendly, gentle smile.
스튜어디스는 친절하고 부드러운 미소를 지녀야 한다.

beautiful
[bjú:təfəl]

형 아름다운, 예쁜

명 beauty 아름다움, 미

Do you really want to be *beautiful* through plastic surgery? 너는 정말 성형 수술을 해서 예뻐지고 싶니?

□ **dream** 　　몡 꿈 통 꿈꾸다
[driːm]
I had lots of *dreams* last night.
나는 어젯밤에 여러 가지 꿈을 꿨다.

□ **become** 　　통 ~이 되다
[bikʌm]
become-became-become
I want to *become* a producer and work with lots of
entertainers. 나는 연출자가 되서, 많은 연예인들과 일하고 싶어.

□ **airplane** 　　몡 비행기
[ɛ́ərplèin]
Have you ever flown in an *airplane*?
너 비행기 타본 적 있어?

□ **urgent** 　　혱 위급한, 비상의
[ɔ́ːrdʒənt]
Calm down! It's not *urgent* at all.
제발 침착해! 하나도 급한 일이 아니라니까.

□ **outbreak** 　　몡 돌발, 발발
[áutbrèik]
The teacher wants to know what caused the *outbreak*.
그 선생님은 무엇으로 인해 사건이 돌발했는지 알고 싶어한다.

□ **safety** 　　몡 안전
[séifti]
혱 safe 안전한
We can see the sign 'Safety First' at the construction
site. 공사 현장에 가면 '안전 제일' 이라는 문구를 볼 수 있다.

☐ **under**
[ʌ́ndər]

전 아래의

Do you see my eraser *under* your desk?
너 책상 밑에 내 지우개 보이니?

☐ **life jacket**
[láif dʒǽkit]

명 구명 조끼

I don't know how to put on this *life jacket*.
나는 이 구명 조끼를 어떻게 입는지 모르겠어.

☐ **button**
[bʌ́tn]

명 버튼, 단추

What is this red *button* for?
이 빨간 버튼은 뭐하는 거야?

☐ **push**
[puʃ]

동 밀다

반 pull 당기다

It says '*Push*' on the door. You should push, not pull.
문에 '미시오' 라고 돼 있잖아. 당기지 말고 밀어야지.

☐ **oxygen**
[áksidʒən]

명 산소

Mountain climbers need to carry *oxygen* tanks with them. 산악 등반인들은 산소 탱크를 가지고 갈 필요가 있다.

☐ **mask**
[mæsk]

명 마스크

'*Mask*' is the film starred in by Jim Carrey.
'마스크' 는 짐 캐리가 주연으로 나왔던 영화야.

□ **dizzy**
[dízi]

⟨형⟩ 어지러운

Because I didn't have breakfast today, I'm too *dizzy* to walk. 오늘 아침을 안 먹었더니 어지러워서 못 걷겠어.

□ **leg**
[leg]

⟨명⟩ 다리

How did he break his right *leg*?
그의 오른쪽 다리가 어떻게 부러졌니?

□ **return**
[ritə́:ɾn]

⟨동⟩ 돌아가(오)다

My father has just *returned* home.
내 아버지가 막 집으로 돌아오셨어.

□ **parachute**
[pǽrəʃùːt]

⟨명⟩ 낙하산

We have our own *parachutes*
우리는 각자 낙하산이 있어.

□ **get off**

(탈 것에서부터) 내리다

⟨반⟩ get on 타다
Hey, we are at the terminal. It's time to *get off*
이봐요, 종점 다 왔어요. 내릴 시간이에요.

하르방 아저씨, 안녕!

드디어 제주**도**에 도착했어. 음하하하. 나가는 **문**을 **안내해 주는** 스튜어디스 언니들이 너무 **고마웠지**.
<small>at last   island   gate   guide   grateful</small>
제주도는 **날씨**가 **따뜻해서**, **야자수**가 가로수였어. 앞으로의 **여행**이 너무 **기대되는걸**.
<small>   weather warm   palm   journey   expect</small>

우리는 **곧바로** 제주 **민속촌**으로 갔어.
<small>   right after   folk</small>
옛날 제주도의 집들을 봤는데, **돌담**들이 인상적이었어. **집안**에는 **해녀**들이 사용하던 **그물**과 **가구**들이
<small>   stone   inside   diver   net   furniture</small>
보존되어 있었지. 19**세기** 제주 사람들의 삶을 그대로 느낄 **수 있어** 좋았어.
<small>preserve   century   be able to</small>

다음날은 아침 일찍 **일어나** 성산 일출봉에 갔단다. **지도**를 보며 산을 **오르는데**, **운동 부족**으로 뒤쳐지는 아이
<small>   get up   mountain peak   map   climb exercise lack</small>
들도 있었지만 모두 즐거운 표정이었어. 정상에 올랐을 때, **안개** 사이로 **막** 해가 **뜨고** 있었어. 해돋이를 보며 우
<small>   fog   just now rise</small>
리는 **소원**을 **빌었지**. 시험 **없는** 세상에서 살게 해달라고. 히히.
<small>   desire   pray   without</small>

일출봉에서 내려와 아침을 먹고 천지**연 폭포**로 갔어. 천지연에는 **상상 속의 신비한** 물고기가 산다는 **전설**이
pond waterfall   imaginary mysterious   legend
있다고 해. 연못과 폭포가 어우러진 모습이 장관이었다. 또 우리는 동양에서 유일하게 바다로 **이어지는** 폭포인
connect
정방 폭포로 갔어. 날씨가 더워서 폭포 밑에서 **쏟아지는** 물줄기를 맞고 싶었지.
pour

하룻밤을 자고 우린 동양 **최고의 식물**원인 여미지 식물원으로 갔어.
best plant
1989년 **개장한** 이곳은 3천 7백여 종의 **희귀한** 식물과 화초를 전시하고 있었어. **구역**별로 **다양한** 식물을 보
open   rare   section various
며 우리는 **다른 나라**에 와 있는 **듯했어.**
other country   seem

우리의 **마지막 코스**는 그 유명한 **용두암**이었어.
last course   dragon rock
제주도의 다른 바위들처럼 용암이 **굳어져서** 만들어진 바위라고 했어. 용의 머리 **모양**을 **닮은** 바위인데 **정말**
harden   shape look like   really
멋있었어. 집으로 돌아가서 가족들에게 **사진 찍은 거 자랑해야지.** 음하하.
wonderful   take a picture boast

☐ **at last** 　　　㉾ 드디어, 결국

He decided to marry her *at last*.
그는 드디어 그녀와 결혼하기로 결심했다.

☐ **island** 　　　㈱ 섬
[áilənd]

Jeju is the biggest *island* in Korea.
제주는 대한민국에서 가장 큰 섬이다.

☐ **gate** 　　　㈱ 문
[geit]

We can board our plane at *gate* five.
우리는 5번 게이트에서 우리 비행기를 탈 수 있어.

☐ **guide** 　　　㉾ 안내하다 ㈱ 안내자
[gaid]

He will *guide* you around the city.
그가 너에게 시내 안내를 해줄 거야.

☐ **grateful** 　　　㈜ 고마운, 감사한
[gréitfəl]

I wrote a *grateful* letter to that guide.
나는 그 안내인에게 감사 편지를 썼다.

☐ **weather** 　　　㈱ 날씨
[wéðər]

The *weather* was clear and sunny.
날씨가 맑고 화창했다.

□ **warm**
[wɔːrm]

형 따뜻한

It's quite *warm* in this room. I need to take off this jacket. 이 방안이 꽤 따뜻하네요. 재킷을 벗어야겠군요.

□ **palm**
[pɑːm]

명 야자수

There are many *palm* trees in Hwaii.
하와이에는 야자수가 많다.

□ **journey**
[dʒə́ːrni]

명 여행

I am so tired from the long *journey*
긴 여행 때문에 너무 피곤해.

□ **expect**
[ikspékt]

동 기대하다, 예상하다

명 expectation 예상
If you *expect* too much, you'll be disappointed.
기대를 너무 많이 하면, 실망할 거야.

□ **right after**

부 곧바로, 직후

My favorite show is on TV *right after* this commercial.
이 광고 직후에 내가 좋아하는 쇼가 텔레비전에서 한다.

□ **folk**
[fouk]

형 민속의

We learned a Russian *folk* dance in school.
우리는 학교에서 러시아 민속 춤을 배웠다.

□ **stone**
[stoun]

명 돌

Have you already finished reading 'Harry Potter and the Sorcerer's *Stone*'?
'해리포터와 마법사의 돌' 벌써 다 읽었니?

□ **inside**
[insáid]

명 안쪽, 내부 　부 내부에, 안쪽에

The outside of his house is not good, but *inside* is very neat.
그의 집은 밖은 별로지만, 내부는 굉장히 깔끔하다.

□ **diver**
[dáivər]

명 잠수하는 사람, 해녀

There are many women *divers* in *Jeju* island.
제주도에는 해녀들이 많다.

□ **net**
[net]

명 그물

He put a *net* over his strawberry plants.
그는 딸기밭에다가 그물을 쳤다.

□ **furniture**
[fə́:rnitʃər]

명 가구

I went to the *furniture* shop to buy my desk.
나는 책상을 사려고 가구점에 갔다.

□ **preserve**
[prizə́:rv]

동 보존하다, 보호하다

My dog *preserved* me from danger.
우리 개는 나를 위험으로부터 보호했다.

☐ **century**
[séntʃuri]

> 몡 세기(1세기=100년)

I didn't know that a *century* is one hundred years.
나는 1세기가 백 년인지 몰랐어.

☐ **be able to**

> ~할 수 있다 (= can)

I'm not *able to* lift such a heavy box.
나는 이렇게 무거운 상자는 들어올릴 수 없다.

☐ **get up**

> 일어나다

I hate my mom crying out "*Get up*!!" every morning.
나는 매일 아침 엄마가 "일어나!!"라고 소리치는 게 싫어.

☐ **mountain**
[máuntən]

> 몡 산

I climb the *mountain* every Sunday.
나는 매주 일요일에 등산을 한다.

☐ **peak**
[pi:k]

> 몡 꼭대기, 정상

Have you ever shouted 'Yaho' at the *peak* of the mountain?
너는 산 정상에서 '야호'라고 소리쳐 본 적 있어?

☐ **map**
[mæp]

> 몡 지도

Don't forget to take this *map*.
이 지도 가져가는 거 잊지 마.

☐ **climb**
[klaim]

图 오르다

Bring a bottle of water when you go *climbing*
등산할 때 물 한 병 가져가.

☐ **exercise**
[éksərsàiz]

图 운동 图 운동하다

Exercise is the best way to lose weight.
운동이 살 빼는 데 가장 좋은 방법이다.

☐ **lack**
[læk]

图 부족 (= shortage)

I feel ashamed because of my *lack* of knowledge.
내 지식의 부족함이 부끄럽다.

☐ **fog**
[fɔ(:)g]

图 안개

图 foggy 안개 낀
It's very dangerous to drive due to thick *fog*
짙은 안개 때문에 운전은 매우 위험합니다.

☐ **just now**

图 막, 바로 지금

I finished the report *just now*.
나는 방금 보고서를 끝냈다.

☐ **rise**
[raiz]

图 ~이 뜨다, 떠오르다

rise-rose-risen
We will talk and talk until the sun *rises*.
우리는 해 뜰 때까지 계속 이야기할 것이다.

☐ **desire** 　 📖 소망, 소원 (= wish) 🗣 바라다
[dizáiər]
Tell me what your *desire* is.
나에게 네 소원이 뭔지 말해 봐.

☐ **pray** 　 📖 기도 🗣 기도하다
[prei]
If you *pray* with your heart, then God will listen to you. 진심으로 기도하면 하나님이 들어주실 거야.

☐ **without** 　 📖 ~ 없이, ~ 없는
[wiðáut]
I can't eat noodles *without* Kimchi.
나는 김치가 없으면 라면을 못 먹어.

☐ **pond** 　 📖 연못
[pɔnd]
I want to have a *pond* in my garden.
나는 우리 정원에 연못을 갖고 싶어.

☐ **waterfall** 　 📖 폭포
[wɔ́:tərfɔ̀:l]
I know only "Niagara Falls" among *waterfalls* in the world.
나는 세계에 있는 폭포 중에서 나이아가라 폭포만 안다.

☐ **imaginary** 　 📖 상상의
[imǽdʒinəri]
🗣 imagine 상상하다
A dragon is an *imaginary* animal.
용은 상상의 동물이다.
I can't *imagine* life without you.
난 네가 없는 삶은 상상할 수도 없어.

☐ **mysterious** 휑 신비로운
[mistíəriəs]
몡 mystery 신비
He said the story was *mysterious*, and I agreed.
그는 그 이야기가 신비스럽다고 했는데, 나도 그래.

☐ **legend** 몡 전설
[lédʒənd]
I've loved Brad Pitt since I saw "*Legends* of the Fall."
'가을의 전설' 을 보고 나서부터 나는 브래드 피트를 좋아했다.

☐ **connect** 동 연결하다, 이어주다
[kənékt]
I'm trying to *connect* to the internet on my computer.
나는 내 컴퓨터에 인터넷을 연결시키려고 하고 있다.

☐ **pour** 동 쏟다, 붓다
[pɔ:r]
The rain was *pouring* down.
비가 쏟아 붓고 있었다.

☐ **best** 휑 가장 좋은, 최고의
[best]
You are my *best* friend.
네가 나의 가장 좋은 친구야.

☐ **plant** 몡 식물 동 심다
[plænt]
You should know *plants* are sensitive to their environments. 너는 식물들이 환경에 민감하다는 걸 알아야 해.
Children can *plant* whatever they like in this magic pot. 이 마술 화분에는 아이들이 좋아하는 거라면 뭐든지 심을 수가 있지요.

☐ **open**
[óupən]

동 열다

Could you *open* this jar?
이 병 좀 열어 주시겠어요?

☐ **rare**
[rɛər]

형 보기 드문, 희귀한, (스테이크가) 덜 익은

He's suffering from a *rare* illness.
그는 희귀병으로 고생하고 있다.
I like my steak *rare*.
나는 덜 익은 스테이크가 좋다.

☐ **section**
[sékʃən]

명 구획, 구역

There is nothing interesting to read in this *section*.
이 부분에는 읽을 만한 재미있는 게 하나도 없다.

☐ **various**
[vέəriəs]

형 다양한

There were *various* kinds of shows at the theater.
그 극장에는 다양한 볼거리들이 많이 있었다.

☐ **other**
[ʌ́ðər]

형 또 다른, 별개의

There's no *other* way of mending this radio.
이 라디오를 고칠 만한 다른 방법이 없어.

☐ **country**
[kʌ́ntri]

명 나라, 국가, 시골

What do you like best about your *country*?
너는 너희 나라의 어떤 면이 가장 마음에 드니?
My grandfather wants to go to the *country* again.
우리 할아버지는 다시 그 시골로 가고 싶어하신다.

☐ **seem**
[si:m]

동 ~처럼 보이다, ~해 보이다, ~인 것 같다

You *seem* very ill today.
너 오늘 정말 아파 보인다.

☐ **last**
[læst]

형 마지막의

This is your *last* chance!
이번이 마지막 기회인 줄 알아!

☐ **course**
[kɔ́ːrs]

명 코스, 과정, 행로

My main *course* for dinner was roast beef.
나의 저녁 메인 코스는 구운 쇠고기였다.

☐ **dragon**
[drǽgən]

명 용

He was born in the Year of the *Dragon*
그는 용띠해에 태어났다.

☐ **rock**
[rɑk]

명 바위

There are too many *rocks* on this road.
이 길에는 바위들이 너무 많다.

☐ **harden**
[hɑ́ːrdn]

동 딱딱하게 하다, 굳게 하다, 강하게 하다

형 hard 딱딱한

Life in the mountains *hardened* me.
산 속에서의 삶이 나를 강하게 했다.

shape
[ʃeip]

명 모양

What *shape* is it?
이건 무슨 모양이지?

look like

~를 닮다, ~처럼 보이다 (= take after, resemble)

I thought he was you, but he just *looked like* you.
나는 그 사람이 넌 줄 알았는데, 그냥 너를 닮았을 뿐이었어.

really
[ríːəli]

부 정말

Do you *really* want to help me do my homework?
너 정말 내 숙제 도와주고 싶니?

wonderful
[wʌ́ndərfəl]

형 뛰어난, 멋진

I think their acting in this film was *wonderful*
나는 이번 영화에서 그들의 연기가 멋있었다고 생각한다.

take a picture

사진을 찍다

I like *taking pictures* with a digital camera.
나는 디지털 카메라로 사진 찍는 걸 좋아한다.

boast
[boust]

동 자랑하다, 과장하여 말하다

형 boastful 자랑하는, 뽐내는
He always *boasts* of being rich.
그는 항상 자기가 부자라고 자랑한다.

쿵쿵따~ 쿵쿵따~

드디어 수학 여행의 **마지막** 날 밤이다. 우리는 숙소 **강당**에 모두 모였다.
final / hall

우선 반별로 장기자랑을 하는 오락시간을 가졌다. 우리반은 선생님과 함께 분장 **패션**쇼를 했다. 선생님
first of all / fashion

은 **산토끼** 분장, 차미는 **요정** 분장, 난 나에게 제일 잘 **어울리는** 백설공주 **분장**을 했다. 음하하. 무대
hare / fairy / match / disguise

끝에서 **미끄러진** 것만 빼고는 **거의 완벽했**다. 히히. 아참, 달구는 맹구 분장으로 온 강당을 **웃음** 바다로
edge / slip / almost perfect / laugh

만들었다. **덕분에** 우리반이 1등 **상**도 탔다.
thanks to / prize

그 다음은 우리 모두 앞**마당**으로 가서 캠프 파이어 **준비를 했다**. **가지**를 모으고 **신문**들도 모았다. 활활
yard / prepare branch / newspaper

타는 불길과 밝은 달의 아름다움이 어우러져 정말 예쁜 풍경을 만들었다. **손에 손**을 잡고 돌면서 춤도 추
burn / hand in hand

고 노래도 불렀다. 만날 **때마다** 싸우던 길용이와도 함께 웃으며 **즐겼다**. 우리는 그 불에 **고기**도 구워 먹
whenever / enjoy / meat

었다. 고기를 너무 많이 태워 **쓴맛이 나기도** 했지만 분위기에 취해 고기 **맛도 환상적**이었다. 고기**냄새**
bitter / taste fantastic / smell

에 못 이겨 고기**를 향해 돌진**한 삼팔선은 고기 파티가 끝난 후 **배**가 임신한 사람 같았다.
toward rush / stomach

고기를 먹은 후 우리는 놀이도 했다. 가장 **재미있었던** 게임은 단연 '**쿵쿵따**' 였다. 예상대로 달구가 제일
interesting

많이 **실수**했다. 벌칙은 **휴대폰** 안테나로 맞기!! ㅋㅋ. 달구의 팔이 **통통 부었다**.
mistake / cell phone / swell

마지막 밤이 가는 것을 아쉬워하며 우리는 **서로에게** 한마디씩 써주는 롤링 페이퍼를 했다. **평소에** 서로
each other / usually

못했던 말들을 종이에 써주었다.

제주도에서 **보낸** 3일은 정말 멋진 **기억**으로 **잊혀지지** 않을 것 같다.
spend / memory forget

☐ **final**
[fáinəl]

형 마지막의

Did you see the *final* competition of the Asian Games?
너 아시안 게임 마지막 경기 봤니?

☐ **hall**
[hɔ:l]

명 강당

The teacher told us to gather in the *hall*
선생님께서 우리 모두 강당으로 모이래.

☐ **first of all**

우선, 가장 먼저

First of all, he started singing.
가장 먼저 그가 노래를 부르기 시작했다.

☐ **fashion**
[fǽʃən]

명 패션, (옷, 행동 등의) 유행

You don't have to be really beautiful to be a *fashion* model. 패션 모델이 되려면 정말 예뻐야 할 필요는 없다.

☐ **hare**
[hɛər]

명 산토끼

What's the difference between *hares* and rabbits?
산토끼랑 집토끼는 어떻게 다른가요?

☐ **fairy**
[fɛ́əri]

명 요정

There lived a little *fairy* in the woods.
숲 속에는 작은 요정이 하나 살고 있었다.

☐ **match**
[mætʃ]

동 ~에 어울리다

Does this shirt *match* these trousers?
이 셔츠가 이 바지에 잘 어울리니?

□ **disguise**
[disgáiz]

图 변장하다

Makeup can *disguise* many skin problems.
화장은 피부에 있는 많은 문제들을 가려준다.

□ **edge**
[edʒ]

명 가장자리, 끝

The *edge* of this knife is very sharp.
이 칼의 가장자리는 아주 날카롭다.

□ **slip**
[slip]

图 미끄러지다

She *slipped* while she was getting out of the bath.
그녀는 욕조에서 나오다가 미끄러졌다.

□ **almost**
[ɔ́:lmoust]

图 거의, 하마터면, 대부분

I *almost* missed the bus.
나는 하마터면 버스를 놓칠 뻔했다.

□ **perfect**
[pə́:rfikt]

형 완벽한

명 perfection 완벽함
She has a *perfect* figure.
그녀는 완벽한 몸매를 갖고 있다.

□ **laugh**
[læf]

명 웃음 图 웃다

Working there's great. It's quite a good *laugh* actually.
거기서 일하는 것은 멋지다. 사실 정말 즐겁다.

□ **thanks to** | ~덕분에

Thanks to his help, we managed to finish the work.
그의 도움 덕분에 우리는 그 일을 가까스로 끝낼 수 있었다.

□ **prize**
[praiz] | 명 상

Who doesn't want first *prize*?
누가 일등상을 원하지 않겠냐?

□ **yard**
[jɑːrd] | 명 마당, 뜰

There was a swimming pool in his *yard*.
그의 뜰에 수영장이 있었다.

□ **prepare**
[pripέər] | 동 준비하다

명 preparation 준비
Are you *preparing* everything for her birthday party?
그녀 생일 파티 준비는 잘하고 있니?

□ **branch**
[bræntʃ] | 명 가지

After the typhoon, there were *branches* and twigs all over the ground.
태풍이 지나간 후, 땅 여기저기에 나뭇가지들이 흩어져 있었다.

□ **newspaper**
[njúːzpèipər] | 명 신문

My dad reads the *newspaper* in the bathroom every morning. 우리 아빠는 매일 아침 화장실에서 신문을 읽으신다.

□ **burn**
[bə́ːrn] | 동 타다, 태우다

My sister *burned* all the pictures.
우리 언니는 사진들을 모두 태워버렸어.

☐ **hand in hand**　　손에 손을(잡고)

The teacher told us to stand *hand in hand*.
선생님은 우리에게 손을 잡고 서라고 말씀하셨다.

☐ **whenever**　　접 ~할 때는 언제나, ~할 때마다
[ʰwenévər]　　*Whenever* I see unfamiliar food, I smell it first.
나는 익숙치 않은 음식을 볼 때마다 냄새부터 맡는다.

☐ **enjoy**　　동 즐기다
[indʒɔ́i]　　I really *enjoyed* the concert.
나는 정말 그 콘서트를 재밌게 즐겼다.

☐ **meat**　　명 고기, 육류
[miːt]　　He doesn't eat any kind of *meat*.
그는 어떤 고기도 먹지 않는다.

☐ **bitter**　　형 쓴, 쓴맛 나는
[bítər]　　This medicine is too *bitter*.
이 약은 너무 쓰다.

☐ **taste**　　명 맛　동 맛보다
[téist]　　형 tasty 맛있는
I love the *taste* of garlic.
난 마늘 맛이 좋더라.

☐ **fantastic**　　형 환상적인
[fæntǽstik]　　You look *fantastic* in that dress.
너 그 옷 입으니까 정말 환상적이다.

□ **smell**
[smel]
명 냄새 동 냄새나다, 냄새 맡다
Where's this good *smell* from?
이 좋은 냄새 어디서 나는 거야?

□ **toward**
[təwɔ́:rd]
전 ~쪽을 향하여
She waved to him and walked *toward* him.
그녀는 그에게 손을 흔들며 그를 향해서 걸어갔다.

□ **rush**
[rʌʃ]
동 돌진하다, 달려가다
We have to *rush* to the station.
우린 역으로 뛰어가야 한다.

□ **stomach**
[stʌ́mək]
명 배, 위
I have a weak *stomach*.
난 위가 약해.

□ **interesting**
[íntəristiŋ]
형 재미있는, 흥미진진한
Do you know any *interesting* stories?
너 재미있는 이야기 알고 있는 거 있니?

□ **mistake**
[mistéik]
명 실수
I forgot to call you by *mistake*.
실수로 너한테 전화한다는 걸 깜빡했네.

□ **cell phone**
[sél fóun]
명 휴대폰
Cell phones are very popular these days.
요즘 휴대폰은 매우 대중화되어 있다.

swell
[swel]

동 부풀어 오르다, 팽창하다

His face *swelled* up.
그의 얼굴은 부어 올랐다.

each other

서로

We helped *each other* to do this work better.
우리는 이번 일을 더 잘하기 위해 서로를 도왔다.

usually
[júːʒuəli]

부 평소에는, 대개는

I *usually* don't drink coffee.
나는 평소에는 커피를 마시지 않는다.

spend
[spend]

동 (시간, 돈 따위를) 쓰다, 소비하다, 보내다

If I had money, I would *spend* most of it on clothes.
나는 돈이 있었다면 대부분을 옷에 썼을 것이다.

memory
[méməri]

명 기억, 추억

I have a vivid *memory* of the work mistake.
나는 일에 대한 실수는 생생하게 기억한다.

forget
[fərɡét]

동 잊어버리다

forget-forgot-forgotten
He often *forgets* things.
그는 물건을 자주 잊어버린다.

Character 05

우리 나라의 역사

오차미

본명은 참. 참 참하다. 2학년 5반의 반장으로, 얌전하고 모범적이다. 자신을 꾸밀 줄 알고, 때론 당당하고 자신에 한 모습이 더 예쁘다.

WORD PARTY_
Character 05

우리 나라의 역사

주인공 : 오차미

□ **brick**
[brik]

명 벽돌

He built his own house, *brick* by *brick*
그는 벽돌로 차곡차곡 그의 집을 지었다.

□ **modern**
[mádərn]

형 근대적인

통 modernize 근대화하다

My grandfather doesn't like *modern* medicine.
우리 할아버지는 근대 의술은 싫어하신다.

□ **art**
[ɑːrt]

명 예술, 미술

She is studying *art* at school.
그녀는 학교에서 예술을 배우고 있다.

□ **tomb**
[tuːm]

명 무덤

There are quite many *tombs* in *Gyeong-ju*.
경주에는 꽤 많은 무덤들이 있다.

□ **picture**
[píktʃər]

명 사진, 그림

Could you take a *picture* for us?
저희 사진 좀 찍어 주시겠어요?

□ **naturally**
[nǽtʃərəli]

부 자연히, 당연히

형 natural 자연의, 본래의

We are *naturally* concerned about the future.
우리는 당연히 미래에 대해 걱정한다.

☐ **golden**
[góuldən]

형 금빛의, 황금색의

This pizza crust is really *golden*. It smells so good, too.
이 피자 크러스트는 진짜 금색이네. 냄새도 진짜 좋다.

☐ **crown**
[kráun]

명 왕관, (승리의) 영광

He won the heavyweight boxing *crown* in 2003.
그는 2003년 헤비급 복싱에서 승리했다.

☐ **kettle**
[ketl]

명 주전자

Bring some water in this *kettle*.
이 주전자에 물 좀 담아 와라.

☐ **pagoda**
[pəgóudə]

명 탑

Have you ever been to *Pagoda* Park in *Chongno*?
종로에 있는 탑골공원에 가본 적 있니?

☐ **model**
[mádl]

명 모형, 모범, 본보기

You are an elder brother, so you should be a role *model*.
너는 형이잖니, 형이 본보기가 돼야지.

☐ **height**
[hait]

명 높이, 키, 고도

형 high 높은   cf. depth 깊이
She's about average *height*.
그녀는 평균 키 정도 된다.

floor
[flɔːr]

명 층, 바닥

On which *floor* can I find women's shoes?
몇 층에서 여성용 구두를 볼 수 있죠?

frequent
[fríːkwənt]

형 빈번한, 자주 있는

부 frequently 종종
She is a *frequent* visitor to our house.
그녀는 우리집에 자주 들른다.

surrender
[səréndər]

통 항복하다, 내주다 명 항복, 인도

They *surrendered* the fort to the enemy.
그들은 적에게 요새를 내주었다.

queen
[kwiːn]

명 여왕

The *Queen*'s English is spoken at the British Broadcasting Company(BBC).
표준 영어는 영국 공영 방송에서 사용된다.

build
[bild]

통 짓다, (건축물을) 만들다, 형성하다

build-built-built
When did you begin to *build* this house?
너는 언제 이 집을 짓기 시작했니?
He's started working-out at the fitness center to *build* muscles. 그는 근육을 만들려고 헬스장에서 운동을 시작했다.

pyramid
[pírəmìd]

명 피라미드

How much do you know about *pyramids*?
너는 피라미드에 대해서 얼마나 많이 아니?

□ **Egypt**
[íːdʒipt]

명 (나라 이름) 이집트

There are many pyramids and other relics in *Egypt*.
이집트에는 피라미드와 다른 유적들이 많다.

□ **animal**
[ǽnəməl]

명 동물

I like any kind of *animals*.
나는 어떤 종류의 동물이건 다 좋아한다.

□ **face**
[feis]

명 얼굴

His sister has a beautiful *face*.
그의 여동생은 얼굴이 예쁘다.

□ **like**
[laik]

동 좋아하다 전 ~와 같은

I *like* green-tea ice cream best.
나는 녹차 아이스크림을 가장 좋아한다.
He still acts *like* a baby.
그는 여전히 아기처럼 행동한다.

□ **holy**
[hóuli]

형 신성한, 거룩한

Christmas is a *holy* holiday.
크리스마스는 신성한 휴일이다.

□ **god**
[gɑd]

명 신

반 goddess 여신
Do you believe in *God*?
너는 신을 믿니?

☐ **express**
[iksprés]

명 express**ion** 표현

동 표현하다 명 (기차, 버스, 트럭 등의) 급행

When I speak English, I can't *express* all my feelings.
나는 영어로 말할 때는 내 감정을 모두 표현하지 못해.
Please send this letter by *express* mail.
이 편지를 속달로 보내주세요.

☐ **smile**
[smail]

명 웃음, 미소 동 웃다

All the girls were crazy about his wonderful *smile*
모든 소녀들이 그의 멋진 미소에 황홀해했다.
The *smiling* face of the Mona Lisa is a famous painting.
모나리자의 웃는 얼굴은 유명한 그림이다.

☐ **carve**
[ka:rv]

동 새기다, 조각하다

Don't *carve* your names on the wall.
벽에다 너희 이름 새기지 마라.

☐ **thousand**
[θáuzənd]

명 천(1,000)

Even one *thousand* won was important to me then.
그때는 단돈 천 원도 나에게는 소중했다.

☐ **museum**
[mjuːzíːəm]

명 박물관

Most *museums* are closed every Monday.
대부분의 박물관들은 매주 월요일에 문을 닫는다.

☐ **main**
[mein]

형 주요한, 주된

What is the *main* difference between them?
그들 사이의 큰 차이점은 무엇인가?

cultural
[kʌ́ltʃərəl]

형 문화적인

명 culture 문화

Gyeongbokkung is a wonderful *cultural* experience.
경복궁은 훌륭한 문화 체험 공간이다.
We showed the world our *culture* through the 2002 World Cup.
우리는 2002 월드컵을 통해서 우리 문화를 세계에 보여주었다.

asset
[ǽset]

명 유용한 것, 재산

His eyes are his best *asset*.
그의 눈은 그의 유용한 재산이다.

bell
[bel]

명 종

How long do we have to wait until the *bell* rings?
종이 칠 때까지 얼마나 더 기다려야 되는가?

cast
[kæst]

통 주조하다, 주형물을 만들다, 상을 뜨다

cast-cast-cast
The statue is *cast* in bronze.
그 상은 청동으로 주조된 것이다.

ring
[riŋ]

통 (종, 방울 등이) 울리다, 둥글게 둘러싸다

Is our phone *ringing* right now?
지금 우리 전화가 울리고 있는 거니?
The purpose is to throw metal *rings* over a stick.
그 목적은 금속 링을 막대기에 던지는 것이다.

look for | 찾다, 기다리다

cf. look after ~을 보살피다
Are you *looking for* something funny? Click here!
뭔가 재밌는 것을 찾고 계세요? 여기를 클릭하세요!

join one's hands | 두 손을 모으다

Join your hands and close your eyes tight.
두 손을 모으고 눈을 꼭 감으세요.

flutter | 동 펄럭이다, 휘날리다
[flʌ́tər]
All the flags were *fluttering* in the breeze.
모든 깃발들이 미풍에 펄럭이고 있었다.

gesture | 명 몸짓, 손짓, 제스처
[dʒéstʃər]
Her offer to pay for dinner was a nice *gesture*.
저녁 값을 내겠다는 그녀의 제안은 좋은 제스처였다.

remain | 동 (여전히 ~한 상태로) 남아 있다
[riméin]
She still *remains* unmarried.
그녀는 여전히 독신이다.

surface | 명 표면
[sə́:rfis]
How is the coal brought to the *surface*?
석탄은 어떻게 표면으로 전달되지?

☐ **bow**
[bou]

명 활

Robin Hood was armed with only his *bow* and arrows.
로빈 훗은 오직 그의 활과 화살로만 무장했다.

☐ **ticket**
[tíkit]

명 표

A round *ticket* for *Seoul*, please.
서울 가는 왕복 티켓 한 장 주세요.

☐ **stuffy**
[stʌ́fi]

형 숨막히는, 답답한

Don't be so *stuffy*.
그렇게 꽉 막히게 굴지 말라구.

가족과 함께 도심 속 공원으로!

☐ **drama**
[drá:mə]

몡 드라마

My mom likes that TV *drama* very much.
우리 엄마는 저 텔레비전 드라마를 무척 좋아하신다.

☐ **palace**
[pǽlis]

몡 궁전

The wedding hall looks like a *palace*.
그 결혼식장은 마치 궁전처럼 보인다.

☐ **heroine**
[hérouin]

몡 여주인공

빤 **hero** 남주인공
Please, don't make the *heroine* die at the end.
제발 마지막에 여주인공을 죽이지 마세요.

☐ **mood**
[mu:d]

몡 분위기

Don't break this *mood*, please.
제발 이 분위기 좀 깨지 말아줘.

☐ **lawn**
[lɔ:n]

몡 잔디

He comes and cuts our *lawn* every Sunday.
그는 매주 일요일에 와서 우리집 잔디를 깎아준다.

☐ **cow**
[kau]

몡 소 (특히 암소)

There is a picture of a *cow* on the cover of this milk
bottle. 이 우유병 겉에는 소 그림이 있다.

☐ **graze**
[greiz]

⟩ 통 가축을 방목하다, (가축이) 풀을 뜯어 먹다

The cows were *grazing* in the field.
소들이 들판에서 풀을 뜯어 먹고 있었다.

☐ **goat**
[gout]

⟩ 명 염소

He is good at making the sound of *goats*.
그는 염소 소리를 잘 낸다.

☐ **pitiful**
[pítifəl]

⟩ 형 (한심할 정도로) 불쌍한

명 pity 불쌍히 여김, 동정, 연민
They were such *pitiful* beggars.
그들은 무척 불쌍한 거지들이었어.

☐ **sift**
[sift]

⟩ 통 체로 치다, 걸러내다

These are too small to *sift*.
이것들은 너무 작아서 체로 걸러내기가 힘들어.

☐ **send**
[send]

⟩ 통 보내다

send-sent-sent
I will *send* you an e-mail when I get home.
집에 가서 너에게 이메일 보낼게.

☐ **incredible**
[inkrédəbəl]

⟩ 형 믿을 수 없는, 엄청난

That's an *incredible* idea!
그것은 믿을 수 없는 생각이네!

trash
[træʃ]

몡 쓰레기

Let's try to decrease the amount of *trash* in the office.
사무실에서 쓰레기 양을 줄이도록 노력하자.

throw away

던지다, 버리다

You must pay a fine if you *throw* it *away*.
너 그거 버리면, 벌금 물어야 해.

air
[ɛər]

몡 공기, 공중

I need fresh *air*. Let's go outside.
난 맑은 공기가 필요해. 밖으로 나가자.

elder
[éldər]

몡 어른, 연장자, 나이 많은 사람

You should have more respect for your *elders*.
너는 연장자들을 좀더 존경해야 한다.

chess
[tʃes]

몡 체스, 서양장기

cf. **Korean Chess** 한국식 장기
There are many old people playing *chess* in the park.
그 공원에는 체스를 두는 노인들이 많다.

pet
[pet]

몡 애완 동물

These days, it's popular to have *pets*.
요즘에는 애완 동물을 키우는 게 유행이야.

☐ **take a walk** 산책하다

I usually *take a walk* with my dog in the evening.
나는 보통 저녁 때 개와 함께 산책을 한다.

☐ **region** 명 지역, 구역
[rí:dʒən]

형 regional 지역적인, 지방의
They have a strong accent in this *region*.
이 지역 사람들은 강한 악센트를 가지고 있다.

☐ **knock** 동 두드리다, 노크하다
[nɑk]

Knocking on a door before entering is an etiquette.
들어가기 전에 노크를 하는 것이 예의다.

☐ **downtown** 명 도심, (도심지의) 상업지구
[dáuntáun]

In the *downtown* area the traffic is terrible.
도심은 교통 상황이 나빠.

☐ **era** 명 (역사, 정치 상의) 시대, 연대
[érə]

There was a *Seo Taeji era* in the Korean popular
music. 한때 한국 가요계에 '서태지의 시대'가 있었다.

☐ **soul** 명 영혼
[soul]

His songs cure my *soul*.
그의 노래는 내 영혼을 달래준다.

□ **historic**
[histɔ́(:)rik]

혱 역사상 유명한, 역사에 남는

혱 **historical** 역사에 관한, 역사학의 입장에서 몡 **history** 역사

This will be a *historic* place.
이곳은 역사에 남는 장소가 될 것이다.
This is a *historical* novel.
이것은 역사 소설이다.

□ **bridegroom**
[bráidgrù(:)m]

몡 신랑

The man who is getting married is called the *bridegroom*.
결혼식을 하고 있는 남자를 신랑이라고 해.

□ **bride**
[bráid]

몡 신부

The pretty *bride* was weeping at the wedding.
그 예쁜 신부는 결혼식에서 흐느껴 울었다.

□ **photographer**
[fətágrəfər]

몡 사진사

The *photographer* asked them to hug each other.
사진사는 그들에게 서로 포옹하라고 부탁했어.

□ **future**
[fjú:tʃər]

몡 미래

뻔 **past** 과거

I don't have any idea about my *future*.
나는 내 미래에 대해 아무런 생각이 없어.

□ **figure**
[fígjər]

몡 모양, 형태, 형체

I could see a tall *figure* in the distance.
나는 멀리서 커다란 형체 하나를 볼 수가 있었다.

☐ **research**
[risə́:rtʃ]

명 연구, 조사

My dad works at a *research* institute.
우리 아빠는 연구소에서 일하신다.

☐ **assignment**
[əsáinmənt]

명 과제

통 assign (과제를) 내주다, 부여하다
My teacher gives lots of *assignments* every weekend.
우리 선생님은 주말마다 엄청난 양의 과제를 주신다.

☐ **insect**
[ínsekt]

명 곤충

Ants, flies and butterflies are all *insects*.
개미, 파리, 나비는 모두 곤충이다.

☐ **collect**
[kəlékt]

통 모으다 명 수집, 채집

I'm *collecting* coins from other countries.
나는 다른 나라의 동전들을 모으고 있어.

☐ **follow**
[fálou]

통 따르다

You don't have to *follow* me.
넌 나를 따라올 필요는 없어.

☐ **stomachache**
[stʌ́məkèik]

명 복통, 배탈

cf. headache 두통
Suddenly I had a terrible *stomachache*.
나는 갑자기 배가 심하게 아팠다.

☐ **foreigner** 몡 외국인

[fɔ́(:)rinər]

Could you help me, please? I'm a *foreigner*.
도와주시겠어요? 전 외국인이거든요.

☐ **sightseeing** 몡 관광

[sáitsì:iŋ]

I prefer to go *sightseeing*.
난 관광이 좋다.

☐ **be good at** ~를 잘하다, ~에 능하다

뻰 be poor at ~를 못하다
Are you *good at* swimming?
너는 수영 잘하니?
I'*m poor at* English grammar.
나는 영어 문법은 꽝이야.

☐ **appoint** 툉 지정하다, 임명하다

[əpɔ́int]

몡 appointment 임명, 약속
He will *appoint* a new vice-president next week.
그는 다음주에 새로운 부통령을 임명할 것이다.

□ **dimension**
[diménʃən]
명 (길이, 넓이 등) 차원, 치수
This adds a new *dimension* to our work.
이것은 우리 일에 새로운 차원을 가미했다.

□ **depth**
[depθ]
명 깊이
형 deep 깊은 cf. height 높이
We can't tell the *depth* of this river.
우리는 이 강물의 깊이를 알 수가 없다.

□ **noted**
[nóutid]
형 저명한, 이름난
Let's go to some *noted* places first.
먼저 몇몇의 명소들부터 가보자.

□ **circle**
[sə́ːrkl]

명 원, 원형

We are going to talk for a while in a *circle*.
우리는 잠시 둥글게 모여 이야기를 할 것이다.

□ **theater**
[θí(ː)ətər]

명 극장

You can buy tickets at the *theater*.
너는 극장에서 표를 살 수 있다.

□ **Olympic**
[əlímpik]

형 올림픽 경기의

I was just a baby when the '88 Seoul *Olympic* Games were held. 88 서울 올림픽이 열릴 때 나는 겨우 아기였다.

□ **success**
[səksés]

명 성공

통 succeed 성공하다 형 successful 성공적인
I really envy his *success*.
나는 정말 그의 성공이 부러워.

□ **theme**
[θiːm]

명 주제

Let's return to the main *theme*.
본 주제로 돌아갑시다.

□ **against**
[əgénst]

전 ~에 대항하여, ~에 반대하여

반 for ~에 찬성하여
I decided to fight *against* the bully in our class.
나는 우리 반의 그 싸움 대장과 한판 붙기로 결심했다.

□ **troop**
[trúːp]

명 군대, 부대

They belonged to the same scout *troop*.
그들은 같은 스카우트의 분대에 속했다.

□ **Manchuria**
[mæntʃúəriə]

명 (지명) 만주

My aunt moved to *Manchuria* with her family.
우리 숙모는 만주 지방으로 가족들과 함께 이주하셨다.

□ **Siberia**
[saibíəriə]

명 (지명) 시베리아

Siberia is rich with minerals.
시베리아에는 광물이 풍부하다.

□ **resistance**
[rizístəns]

명 저항

동 resist 저항하다　형 resistant 저항하는

All citizens should offer *resistance* to oppression.
모든 국민들은 억압에 저항해야 한다.

□ **colony**
[káləni]

명 식민지

동 colonize 식민지화하다

I'll not forget the time that my country was a *colony*.
나는 우리 나라가 식민지였던 시대를 잊지 않을 거야.

□ **brave**
[breiv]

형 용감한

Brave women and men fight for their country.
용감한 남녀들이 자신의 나라를 위해 싸운다.

☐ **overseas**
[óuvərsíːz]

> 🎧 해외로, 외국으로
>
> I'm going to travel *overseas* for my next vacation.
> 나는 다음번 휴가에는 해외 여행을 갈 거야.

☐ **scatter**
[skǽtər]

> 🎧 흩어지다, 분산시키다
>
> He is *scattering* seeds.
> 그는 씨를 뿌리고 있다.

☐ **brothers**
[brʌ́ðərz]

> 🎧 형제들, 동포
>
> We should love our *brothers* living all over the world.
> 우리는 세계 곳곳에 살고 있는 우리의 동포를 사랑해야 한다.

☐ **spread**
[spred]

> 🎧 퍼지다, 퍼뜨리다
>
> spread-spread-spread
> Promise that you won't *spread* this rumor among others. 이 소문을 다른 사람들에게 퍼뜨리지 않겠다고 약속해.

☐ **regardless of**

> ~와 상관없이
>
> They decorated the house *regardless of* cost.
> 그들은 비용에 상관없이 집을 꾸몄다.

☐ **peace**
[piːs]

> 🎧 평화
>
> 🎧 peaceful 평화로운
> The citizens of the world hope for *peace*.
> 세계 사람들은 평화를 원한다.

prevent
[privént]

동 막다, 말리다

명 prevention 예방, 저지

You should brush your teeth 3 times a day to *prevent* toothache.

치통을 예방하기 위해서는 하루 세 번 이를 닦아야 한다.

terrible
[térəbəl]

형 끔찍한

I saw a *terrible* accident this morning.

오늘 아침에 끔찍한 사고를 봤어.

harass
[hərǽs]

동 괴롭히다

Every morning, he *harasses* me with a call.

그는 매일 아침 전화를 걸어서 나를 괴롭힌다.

mannequin
[mǽnəkin]

명 마네킹, 인체 해부 모형

This dress looked really good on the *mannequin*, but it's not good on me.

이 드레스가 마네킹에는 무척 잘 어울리더니 나한텐 영 별로네.

give someone a hard time

혼내주다

Don't worry, mom will *give him a hard time*.

걱정 마, 엄마가 걔 혼내주실 거야.

struggle
[strʌ́gəl]

명 투쟁, 싸움, 힘든 노력 동 투쟁하다, 힘들게 노력하다

I'm impressed by his *struggle*.

나는 그의 투쟁을 보고 감명받았다.

☐ **die at one's post**   순직하다

The soldier *died at his post*, fighting for a good cause.
그 군인은 선을 위해 싸우시다 순직하셨다.

☐ **independence**   명 독립
[indipéndəns]

형 independent 독립한   반 dependence 의존
Do you know when the Korean *Independence* day is?
너는 한국 독립기념일이 언제인지 알아?

☐ **vast**   형 엄청나게 큰, 거대한, 광활한
[væst]

The American West has *vast* areas where no one
lives. 미국 서부에는 아무도 살지 않는 광활한 지역이 있다.

☐ **material**   명 자료, 소재, 재료
[mətíəriəl]

They ran out of *material*.
그들은 재료가 떨어졌다.

☐ **significant**   형 중요한, 의미 있는
[signífikənt]

He gave me a *significant* sign.
그는 의미심장한 신호를 보냈다.

☐ **factor**   명 요소
[fǽktər]

Exercise is an important *factor* in fitness.
몸매를 유지하는 데 운동이 중요하다.

□ **overcome**
[òuvərkʌ́m]

동 극복하다

overcome-overcame-overcome

I hope the flood victims will *overcome* the damage soon. 나는 수재민들이 피해를 어서 극복했으면 한다.

□ **develop**
[divéləp]

동 개발하다, 발달하다

명 development 발달, 발전

They are trying to *develop* natural resources.
그들은 천연자원을 개발하려고 노력중이다.

□ **nation**
[néiʃən]

명 국가, 국민

The new president should listen to the voice of the *nation*. 새로운 대통령은 국민들의 목소리를 들어야 한다.

□ **resemble**
[rizémbəl]

동 닮다(= take after)

He said I *resembled* my mother.
그는 내가 엄마를 닮았다고 말했다.

□ **spirit**
[spírit]

명 정신(= soul)

반 body(=fresh) 육체

He has become strong in *spirit*.
그는 정신력이 매우 강해졌어.

□ **huge**
[hju:dʒ]

형 거대한

I've got a *huge* spot on my chin!
나 턱에 큰 여드름이 났어!

☐ **movement**
[múːvmənt]

명 움직임, 운동

통 move 움직이다
I support their *movement* for peace.
나는 그들의 평화 운동을 지지한다.

☐ **at that time**

당시에

cf. at times 때때로
I wasn't there *at that time*.
나는 그 당시에 거기에 없었다.

☐ **miniature**
[míniətʃər]

명 소형 모형

Do you sell the *miniature* bottle of this perfume?
이 향수병의 소형 사이즈도 파나요?

☐ **Japan**
[dʒəpǽn]

명 (나라 이름) 일본

명 Japanese 일본인, 일본말
Boa is really popular even in *Japan*.
보아는 일본에서도 정말 인기가 좋다.

☐ **yield**
[jiːld]

통 포기하다, 양보하다

We need to *yield* to other cars when entering the highway.
우리는 고속도로에 진입할 때 다른 차들에게 양보할 필요가 있다.

☐ **wave**
[weiv]

통 흔들다 명 파도

She *waved* her hand as she left.
그녀는 떠날 때 손을 흔들었다.

□ **national anthem** | 圐 애국가

I felt so touched when I heard our _national anthem_.
나는 애국가를 들으면서 가슴이 무척 뭉클했다.

□ **patriot** | 圐 애국자
[péitriət]

A _patriot_ loves his country and feels loyalty towards it.
애국자들은 자신의 나라를 사랑하고 충성을 바친다.

□ **obtain** | 圐 얻다(= get)
[əbtéin]

What did you _obtain_ from this meeting?
너는 이번 회의에서 무엇을 얻었니?

□ **activity** | 圐 활동
[æktívəti]

There will be a lot of _activity_ in the town.
오늘 그 마을에서는 여러 가지 활동들이 있을 것이다.

□ **guard** | 圐 지키다, 감시하다, (상대를) 막다 圐 경계, 경호인
[ɡɑːrd]

I mostly _guard_ other players.
난 주로 다른 선수들을 방어한다.

□ **anyway** | 圐 어쨌든, 아무튼
[éniwèi]

Anyway, thank you for visiting today.
아무튼, 오늘 방문해 주셔서 고맙습니다.

Character 06

바바라

친구들과 어울리기보다는 자신만의 세계에 있기를 좋아하는
한 그루 외로운 나무. 음악 마니아로 학교 생활에는 영 관심
이 없다. 모든 게 유치하다는 식!

WORD PARTY_
Character 06

연말 연시

주인공 : 바바라

불우 이웃을 도웁시다!

crowd
[kraud]

명 군중, 무리

형 crowded 붐비는
A *crowd* of girls screamed at his concert.
한 무리의 소녀들이 그의 콘서트에서 소리를 질렀다.
a *crowded* bus 만원 버스

bridge
[bridʒ]

명 다리

There are two *bridges* across the river.
그 강에는 다리가 두 개 놓여 있다.

fill
[fil]

통 채우다

반 empty 비우다
Please *fill* this glass for me.
이 잔을 채워 주세요.

dawn
[dɔ:n]

명 새벽

The postman has to get up before *dawn* every day.
그 우편배달부는 매일 새벽이 되기 전에 일어나야 한다.

hurt
[hə:rt]

통 상처 입히다, 다치게 하다

hurt-hurt-hurt
My boyfriend always *hurt* my heart, so we broke up.
내 남자친구는 항상 내 마음을 아프게 해서, 우리는 헤어졌어.

lean
[li:n]

통 기대다

I was so tired that I *leaned* against a wall.
나는 너무 피곤해서 벽에 기대었다.

☐ **column**
[káləm]

圀 기둥, (신문의) 난, 칼럼

The *columns* of the temple are made of stone.
그 절의 기둥은 돌로 만들어졌다.
I always read her *column* in the local paper.
나는 지역 신문에서 항상 그녀의 칼럼을 읽는다.

☐ **delight**
[diláit]

圀 기쁨 冬 기쁘게 하다

冬 delightful 매우 기쁜, 즐거운
I always read your letters with great *delight*.
나는 항상 네 편지를 무척 기뻐하며 읽어.

☐ **cheek**
[tʃiːk]

圀 뺨, 볼

He kissed her on the *cheek*.
그는 그녀의 뺨에 키스했다.

☐ **lip**
[lip]

圀 입술

She always uses a chapstick to protect her *lips* from
getting chapped.
그녀는 입술이 트는 걸 막기 위해 항상 입술 크림을 사용한다.

☐ **cough**
[kɔ(ː)f]

圀 기침 冬 기침하다

I'm suffering from a severe *cough*.
나는 기침이 너무 심해서 괴로워.

☐ **explain**
[ikspléin]

冬 설명하다

It was too difficult to *explain*.
그것은 너무 어려워서 설명할 수가 없었다.

audience
[ɔ́ːdiəns]

⟨명⟩ 청중, 관중

The singer received big applause from the *audience*.
그 가수는 청중들로부터 큰 박수 갈채를 받았다.

amuse
[əmjúːz]

⟨동⟩ 즐겁게 하다

⟨형⟩ amusing 즐겁게 만드는
⟨명⟩ amusement 즐거움, 흥겨움

His silly jokes *amused* the children.
그의 바보 같은 농담은 아이들을 즐겁게 한다.

perform
[pərfɔ́ːrm]

⟨동⟩ 공연하다, 실행하다

⟨명⟩ performance 실행, 공연

She *performs* an important role in our team.
그녀는 우리 팀에서 중요한 역할을 한다.
He is going to give a great *performance* this Friday.
그는 이번 금요일에 멋진 공연을 펼칠 것이다.

leather
[léðər]

⟨명⟩ 가죽

The coat was made of black *leather* with a fur collar.
그 외투는 목부분에 털이 달려 있고, 검은 가죽으로 만들어졌다.

fur
[fəːr]

⟨명⟩ 털가죽, 모피

Is that a real *fur* coat?
그거 진짜 모피 코트니?

muffler
[mʌ́flər]

⟨명⟩ 목도리

I bought a red *muffler* for my girlfriend.
나는 내 여자친구에게 빨간 목도리를 사주었어.

☐ **clown**
[klaun]

명 광대

He is the best *clown* at the circus.
그는 그 서커스단에서 가장 뛰어난 광대이다.

☐ **citizen**
[sítəzən]

명 시민

As a *citizen* I have the right to vote.
시민이니까 난 투표할 권리가 있다.

☐ **appeal**
[əpíːl]

동 호소하다

We *appealed* to our teacher for help.
우리는 선생님께 도와 달라고 호소했다.

☐ **anxious**
[æŋkʃəs]

형 걱정스러운, 갈망하는

be anxious about ~에 대해 걱정하다
be anxious for (to+v, that절) ~을 몹시 갈망하다, 하고 싶어하다
I *am anxious about* my father's health.
나는 우리 아버지의 건강이 걱정스러워.
I *was anxious to* know her secret.
나는 그녀의 비밀이 몹시 알고 싶었다.

☐ **annoy**
[ənɔ́i]

동 괴롭히다, 귀찮게 하다

형 annoying 성가신
My little brother *annoys* me whenever I'm playing a computer game.
내 남동생은 내가 컴퓨터 오락을 할 때마다 나를 귀찮게 한다.

☐ **mercy**
[mə́ːrsi]

명 자비, 관용

My parents showed no *mercy* when I asked for more money. 우리 부모님은 내가 돈을 조금 더 달라고 했을 때 조금의 관용도 보이지 않으셨지.

☐ **grant**
[grænt]

명 베풀다, 주다

They *granted* her a working visa.
그들은 그녀에게 근로 비자를 내주었다.

☐ **beg**
[beg]

동 구걸하다, 청하다

I won't *beg* anyone for money.
나는 그 누구에게도 구걸하지 않을 거야.
They *begged* him for help.
그들은 그에게 도움을 요청했다.

☐ **drum**
[drʌm]

명 북, 드럼

She likes to play the *drums*.
그녀는 북 치는 것을 좋아한다.

☐ **consist**
[kənsíst]

동 이루어져 있다

consist of ~로 구성되다
Our club *consists of* 50 members.
우리 클럽은 50명으로 구성되어 있다.

☐ **entertainer**
[èntərtéinər]

명 예능인, 연예인

동 entertain 즐겁게 하다
My dream is to be a famous *entertainer*.
내 꿈은 유명한 연예인이 되는 거야.

□ **cooperate**
[kouápərèit]
동 협동하다, 협력하다
We have to *cooperate* with each other to win this game.
우리는 이 게임에서 이기려면 서로 도와야 해.

□ **explosive**
[iksplóusiv]
형 폭발하기 쉬운
동 explode 폭발하다 명 explosion 폭발
It's dangerous to smoke when handling *explosive* things. 폭발하기 쉬운 것을 다룰 때 담배를 피우는 것은 위험하다.

□ **heat**
[hi:t]
명 열, 열기 동 가열하다
I can't study in this *heat* without air conditioning.
나는 에어컨 없이 이런 뜨거운 열기 속에서 공부할 수 없다.

□ **awkward**
[ɔ́:kwərd]
형 서툰, 어색한
He's rather *awkward* with his hands.
그는 손놀림이 좀 서툴어.

□ **ashamed**
[əʃéimd]
형 부끄러운, 수줍어하는
He didn't even feel *ashamed* that he cheated on the test. 그는 시험에서 부정 행위를 하고도 부끄러운 줄도 모른다.

□ **hesitate**
[hézətèit]
동 주저하다, 망설이다
If you have any questions, don't *hesitate* to ask.
질문이 있으면, 주저하지 말고 물어보세요.

□ **guitar**
[gitá:r]

명 기타

I really want to learn how to play the *guitar*.
나는 기타 연주하는 법을 정말 배우고 싶어.

□ **illness**
[ílnis]

명 병, 발병

형 ill 병든
We have had a great deal of *illness* this winter.
올 겨울에는 병이 많이 돌고 있다.

□ **sweet potato**
[swít pətèitou]

명 고구마

I prefer *sweet potatoes* to regular potatoes.
나는 그냥 감자보다 고구마를 더 좋아한다.

□ **fellow**
[félou]

명 친구, 동료

He is a good *fellow*.
그는 좋은 친구야.

□ **politely**
[pəláitli]

부 정중하게, 예의 바르게

형 polite 정중한, 예의 바른
He waited *politely* for hours.
그는 여러 시간 동안 예의 바르게 기다렸다.

□ **stove**
[stouv]

명 난로

The *stove* warms the kitchen nicely on a cool day.
그 난로는 추운 날 부엌을 따뜻하게 덥혀준다.

☐ **fuel**
[fjúːəl]

囘 연료

This stove is useless because there's no *fuel*.
연료가 없어서 이 난로는 소용이 없다.

☐ **firm**
[fəːrm]

휑 굳건한, 단단한

We are proud of our *firm* friendship.
우리는 우리의 변치 않는 우정이 자랑스럽다.

☐ **union**
[júːnjən]

囘 연합, 결합

He works in the European *Union*.
그는 유럽 연합(EU)에서 일한다.

☐ **efficient**
[ifíʃənt]

휑 효율적인, 능률적인

This machine will make our work more *efficient*.
이 기계가 우리 일을 더욱 효율적으로 만들어 줄 것이다.

☐ **husky**
[hʌ́ski]

휑 목소리가 쉰

The singer's *husky* voice is so attractive.
그 가수의 허스키한 목소리는 너무 매력적이다.

산타 할아버지는 우는 아이에겐 선물을 안 주신대~

☐ **Christmas**
[krísməs]

똉 크리스마스, 성탄절

What are you going to do this *Christmas*?
이번 크리스마스에는 뭐할 거니?

☐ **eve**
[iːv]

똉 (축제일, 명절날 등의) 전 날

Christmas *Eve*
12월 24일

☐ **present**
[prézənt]

똉 선물, 현재 똏 현재의, 출석해 있는

I bought a birthday *present* for my mother.
나는 엄마 생일 선물을 샀어.
I was *present* at the meeting.
나는 그 회의에 참석했다.

☐ **calendar**
[kǽləndər]

똉 달력

There was a *calendar* on the wall.
저 벽에 달력이 있었다.

☐ **mature**
[mətjúər]

똏 성숙한, 익은

똗 immature 철이 없는, 어린
She is very *mature* for her age.
그녀는 자기 나이에 비해 매우 어른스럽다.

☐ **helmet**
[hélmit]

똉 헬멧

When riding on a motorcycle, you should wear a *helmet*.
오토바이를 탈 때는 헬멧을 써야 한다.

□ **display** 통 보이다, 전시하다, 진열하다
[displéi]
I saw a beautiful dress *displayed* in the department store. 나는 백화점에 진열되어 있는 예쁜 드레스를 한 벌 봤어.

□ **design** 명 디자인 통 디자인하다, 설계하다
[dizáin]
Have you seen the latest *designs* for the library?
도서관의 최근 디자인 봤어?

□ **reflect** 통 반사하다, 반영하다
[riflékt]
명 reflection 반사, 반영
His face was *reflected* in the mirror.
그의 얼굴이 거울에 비쳤다.
His unhappy face *reflected* his mind.
그의 기쁘지 않은 얼굴 표정을 보면 그의 마음을 알 수 있었다.

□ **church** 명 교회, 성당
[tʃə:rtʃ]
I should stay all day long in *church* on Sundays.
나는 일요일에는 하루 종일 교회에 있어야 해.

□ **disturb** 통 방해하다
[distə́:rb]
I'm sorry to *disturb* you.
방해해서 죄송합니다.

□ **evil** 명 악 형 나쁜, 불길한
[í:vəl]
You should know what good and *evil* is.
너는 무엇이 선이고 악인지 알아야 한다.

☐ **birth**

[bə:rθ]

명 탄생, 출생

She asked about the date of my *birth*.
그녀가 내 생년월일을 물었다.

☐ **congratulate**

[kəngrǽtʃəlèit]

동 축하하다

명 congratulation 축하

We *congratulated* her on the birth of her daughter.
우리는 딸을 출산한 그녀를 축하해 주었다.

☐ **bless**

[bles]

동 (하느님이) 축복하다

'*Bless* you,' is often said to people who have just sneezed.
'Bless you' 란 말은 사람들이 막 재채기를 했을 때 자주 쓰인다.

☐ **plug**

[plʌg]

명 플러그, 마개

Put the *plug* into the socket.
쇼켓에 플러그를 꽂아라.

☐ **carol**

[kǽrəl]

명 캐럴, 기쁨의 노래

'Joy to the World' is a popular Christmas *carol*.
'Joy to the world' 는 유명한 크리스마스 캐럴이다.

☐ **turn on**

(라디오, 전등 등을) 켜다

반 turn off 끄다

Could you please *turn on* the radio?
라디오 좀 켜주시겠어요?

□ **familiar**
[fəmíljər]

형 익숙한, 친숙한

I'm quite *familiar* with this game.
나는 이 게임을 잘 알아.

□ **resemble**
[rizémbəl]

동 닮다

I don't *resemble* either of my parents.
나는 우리 부모님 중 누구도 닮지 않았다.

□ **real**
[ríːəl]

형 진짜의, 거짓 없는

Is that a *real* diamond or just glass?
저건 진짜 다이아몬드야, 아님 그냥 유리야?

□ **exist**
[igzíst]

동 존재하다, 실재하다

The Roman Empire *existed* for several centuries.
로마 제국은 여러 세기 동안 존재했다.

□ **twinkle**
[twíŋkəl]

동 반짝이다

I love her eyes which *twinkle* like stars.
나는 별처럼 반짝이는 그녀의 눈을 사랑한다.

□ **deer**
[diər]

명 사슴

I've heard that there are no *deer* in Australia.
나는 오스트레일리아에는 사슴이 없다고 들었다.

□ **town**
[taun]

명 마을, 읍

We don't have any tall buildings in our *town*.
우리 마을에는 고층 빌딩이 하나도 없다.

□ **mustache**
[mʌ́stæʃ]

명 콧수염

He had a *mustache*.
그는 콧수염이 있었다.

□ **beard**
[biərd]

명 턱수염

Why don't you shave your bushy *beard*?
너의 무성한 턱수염 좀 깎지 그래?

□ **whiskers**
[hwískərz]

명 구레나룻

He said he would look great with *whiskers*.
그는 구레나룻을 기르면 멋있어 보일 거라고 말했다.

□ **mild**
[maild]

형 온화한, 부드러운

He is a *mild* man.
그는 온화한 사람이야.

□ **pure**
[pjuər]

형 순수한

명 purity 순수
I drink only *pure* orange juice.
나는 100% 오렌지 주스만 마신다.

□ **chimney**
[tʃímni]

몡 굴뚝

Robbers broke into the houses through the *chimneys*.
도둑들이 굴뚝을 통해 집으로 들어왔다.

□ **roof**
[ru:f]

몡 지붕

The *roof* must be leaking.
틀림없이 지붕이 샌다.

□ **hole**
[houl]

통 구멍을 뚫다, (터널, 통로 등을) 뚫다

Our ship was *holed* and began to sink.
우리 배에 구멍이 나서 가라앉기 시작했다.

□ **nail**
[néil]

몡 손톱, 못

Whenever I am nervous, I bite all my *nails*.
나는 초조할 때마다 내 손톱을 다 물어 뜯는다.

□ **series**
[síəri:z]

몡 시리즈, 연속

The Harry Potter series is the best that I've ever read. 해리 포터 시리즈는 내가 읽었던 것 중에서 최고야.

□ **jewelry**
[dʒúːəlri]

몡 보석류

My mother likes *jewelry* best as her presents.
우리 어머니는 선물로 보석류를 가장 좋아하신다.

□ **drop by** 들르다

[jiːnz]

She will *drop by* sometime.
그녀는 언젠가 들를 거야.

□ **jeans** 명 청바지
[dʒiːnz]
She's just put on her *jeans*.
그녀는 막 청바지를 입었다.

□ **unique** 형 독특한, 유일한
[juːníːk]
Each of us has *unique* talents.
우리 각자는 독특한 재능이 있다.

□ **item** 명 제품, 물품, 항목
[áitəm]
I need one more *item* to finish my holiday shopping.
내가 명절 쇼핑을 끝내려면 물건 하나만 더 있으면 돼.

□ **wool** 명 울, 양털
[wul]
This vest is made of *wool*.
이 조끼는 울로 만들어진 것입니다.

□ **sweater** 명 스웨터
[swétər]
Knitted *sweaters* are the best for winter.
털실로 짠 스웨터가 겨울에는 최고지.

□ **spider** 몡 거미

[spáidər]

Spiders have eight legs, so they are not insects.
거미는 8개의 다리를 가지고 있으니 곤충이 아니다.

□ **cousin** 몡 사촌

[kʌ́zn]

I have many distant *cousins* that I have never met.
나는 여태껏 한 번도 만나지 못한 먼 친척들이 많다.

□ **hire** 통 고용하다

[haiər]

My father wants to *hire* a clerk, because he's too busy.
아버지는 너무 바빠서 점원을 한 명 고용하고 싶어 하신다.

□ **share** 통 나누다 몡 몫, 할당

[ʃɛ́ər]

He never *shares* his food with others.
그는 절대로 자기 음식을 다른 사람과 나누어 먹지 않는다.

□ **female** 몡 여성 혱 여자의

[fíːmeil]

빤 male 남성, 남성의
The *female* lion is smaller than the male.
암사자는 수사자보다 작다.

□ **disciple** 몡 제자, 문하생

[disáipəl]

There is nothing more I can teach to my *disciples*.
내 제자들에게 더 이상 가르칠 것이 없다.

찾아보기

| A

| B

❘ C

E	**F**

G

T